AF208993

# Weisheiten aus dem Dorf des Glücks

Sophia Gracewood

Lebensfreude

Herstellung und Verlag: BoD – Books on
Demand, Norderstedt

Copyright © 2023 Sophia Gracewood

ISBN: 9783757882747

# Lebensfreude

In diesem Buch "Weisheiten aus dem Dorf des Glücks" werden in 30 Kurzgeschichten die Lehren eines kleinen Dorfes für ein erfülltes und harmonisches Leben erzählt. Eingebettet in eine malerische Landschaft aus sanften Hügeln und blühenden Blumenwiesen sind die Menschen dieses Dorfes wahre Meister in den Bereichen Motivation, Achtsamkeit und Gelassenheit. Die Bewohner dieses Dorfes haben gelernt, die Herausforderungen des Lebens mit erstaunlicher Resilienz und innerer Stärke zu meistern. Ihr Geheimnis liegt in ihrer tiefen Verbindung zur Natur und ihrem tiefen Verständnis für die Macht der Gedanken und Gefühle.

Das Buch entführt den Leser in die Welt dieser Weisheitsträger, angeführt von klugen Lehrern wie Meister Samuel, der die Kunst der Motivation und Selbstverwirklichung lehrt. Die Leser lernen, wie sie ihre Ziele definieren und ihre innere Motivation entfachen können, um ihr volles Potenzial zu entfalten. Zusammenfassend zeigt das Buch, wie die Menschen in diesem kleinen Dorf ihre Lebensphilosophien leben und teilen. Die Leser werden von den Geschichten und Lehren dieser Dorfbewohner inspiriert, ihr eigenes Leben bewusster zu gestalten und die Schönheit des Lebens in den einfachen Dingen zu entdecken. Das Buch ermutigt dazu, die Macht der inneren Ressourcen zu erkennen und in Harmonie mit dem Fluss des Lebens zu leben, um wahres Glück und Erfüllung zu finden.

# Lebensfreude

## Widmung

Für alle Träumer, die den Mut haben, ihre Ziele zu verfolgen, für diejenigen, die sich von Rückschlägen nicht entmutigen lassen, für all jene, die nach Hoffnung und Inspiration suchen. Dieses Buch ist euch gewidmet.

Mögen die Geschichten in diesen Seiten eure Herzen berühren, euch zum Lächeln bringen und zum Nachdenken anregen. Mit Dankbarkeit für eure Unterstützung und euer Vertrauen, und in der Hoffnung, dass ihr in diesen Kurzgeschichten eine Quelle der Freude und des Trostes findet.
Eure Begeisterung für das Leben ist die wahre Magie, die dieses Buch zum Leben erweckt.

Sophia Gracewood

.

Lebensfreude

# INHALT

Seite

# Lebensfreude

.

## DER MUTIGE SCHRITT

Es war einmal ein malerisches Dorf, in dem die junge Frau Lara lebte. Sie hatte von Kindheit an den Traum, eine Künstlerin zu werden, doch die Dorfbewohner und besonders ihre Eltern waren besorgt über die Unsicherheiten einer Künstlerkarriere. Sie drängten sie, einen "sicheren" Weg einzuschlagen, der ihre Zukunft vermeintlich besser absichern sollte.

Eines Tages, als Lara durch die idyllischen Gassen des Dorfes schlenderte, entdeckte sie einen alten Mann, der unter einem schattigen Baum saß und wunderschöne Aquarelle malte. Die Farben seiner Bilder strahlten so lebendig wie die Natur um sie herum. Fasziniert von seiner Kunst und motiviert von der Sehnsucht in ihrem Herzen, setzte sich Lara zu ihm und begann ein Gespräch.

Der alte Künstler erzählte von seinen eigenen Erfahrungen und wie er einst ähnliche Zweifel und Hindernisse überwunden hatte. Er sprach von der Bedeutung, den eigenen Träumen zu folgen und die innere Leidenschaft nicht zu unterdrücken. Seine Worte berührten Lara tief, und sie spürte, dass dies ein Zeichen war, ihre Ambitionen nicht aufzugeben.

Inspiriert von den Geschichten des alten Mannes und der Magie seiner Kunst beschloss Lara, den mutigen Schritt zu wagen. Sie entschied sich, ihr Talent zu perfektionieren und ihre Fähigkeiten weiterzuentwickeln. Dazu wollte sie sich an einer renommierten Kunstschule bewerben. In den folgenden Wochen schuf sie eine Sammlung mit ihren besten Werken und fühlte sich lebendiger und leidenschaftlicher als je zuvor.

Die Bewerbungsfrist rückte näher, und Lara überwand ihre Unsicherheiten, indem sie sich auf ihre Pinselstriche und ihre Kreativität konzentrierte. Doch als der Tag der Entscheidung kam, erhielt sie einen Brief, der ihr Herz schwer werden ließ – ihre Bewerbung war abgelehnt worden. Enttäuscht, aber unbeugsam, entschied sich Lara, ihren Traum nicht aufzugeben. Sie beschloss, andere Wege zu suchen, um ihre Kunst mit der Welt zu teilen. So begann sie, ihre Werke im Dorf zu präsentieren und ihre Gedanken und Gefühle hinter den Bildern zu teilen.

Zu ihrer Überraschung und Freude erhielt sie ermutigende Kommentare und sogar Aufträge von Menschen, die von ihrer Kunst berührt wurden. Lara erkannte, dass das Leben manchmal unerwartete Wege einschlägt, aber dass sie ihren Traum nicht aufgeben musste. Sie beschloss, ihren eigenen Weg zu gehen und ihre Kunst weiterhin auf ihre ganz eigene Art auszudrücken.

Mit der Zeit fand Lara ihren eigenen Stil und gewann immer mehr Anerkennung für ihre künstlerische

Vision. Die anfänglichen Zweifel ihrer Familie wurden langsam durch Stolz und Bewunderung ersetzt, als sie sahen, wie glücklich und erfüllt Lara durch ihre Kunst wurde.

Und so lebte Lara ihren Traum, nicht nur als Künstlerin, sondern auch als Lehrerin, die andere junge Talente in ihrem Dorf motivierte, ihre Leidenschaften zu verfolgen. Sie organisierte Kunstworkshops für Kinder, in denen sie ihre Begeisterung für die Malerei und die Kreativität weitergab.

Ihre Kunst und ihre Inspiration strahlten im ganzen Dorf und darüber hinaus. Lara hatte gelernt, dass der mutige Schritt in Richtung unserer Träume manchmal auch ein Schritt weg von den Erwartungen anderer sein kann. Mit Entschlossenheit und Glauben an sich selbst können wir unsere Leidenschaften entdecken und unser Leben mit den Farben unserer Träume ausmalen. Und so wurde das kleine Dorf zu einem Ort der Kunst und der Freiheit, in dem jeder seine Träume leben konnte.

# Lebensfreude

*"Die wahren Schätze des Lebens
offenbaren sich denen, die den
Mut haben, ihrem eigenen
Herzen zu folgen, selbst wenn es
bedeutet, gegen den Strom zu
schwimmen." - Ralph Waldo
Emerson*

## EIN LÄCHELN IM REGEN

Es war ein grauer, verregneter Tag in dem malerischen Dorf. Die engen Gassen waren mit Pfützen übersät, und die Menschen eilten eilig durch die nassen Straßen, ihre Kapuzen tief ins Gesicht gezogen, um dem Regen zu entgehen. Inmitten des Trubels befand sich ein einsamer junger Mann namens Ben, dessen Stimmung ebenso düster war wie das Wetter.

Ben hatte eine stressige Woche hinter sich und fühlte sich erschöpft und niedergeschlagen. Seine Gedanken kreisten um Probleme auf dem Bauernhof seiner Familie und persönliche Sorgen. Er verlor sich in einem Strudel negativer Gedanken und konnte die Schönheit des Lebens um sich herum nicht mehr wahrnehmen. Während er gedankenverloren durch das Dorf lief, sah er eine alte Bank unter einem großen, alten Baum. Neben der Bank saß eine ältere Frau, die eine Regenpfütze beobachtete und lächelte. Ben war neugierig und fragte sich, was sie so fröhlich machte, an einem Tag wie diesem.

Er setzte sich zögerlich neben sie und fragte: "Warum lächeln Sie an einem so regnerischen Tag?" Die Frau drehte ihren Kopf zu ihm, und ihre Augen strahlten eine warme Freundlichkeit aus. "Mein junger Freund, es ist der Zauber des Augenblicks", antwortete sie sanft. "Jeder Augenblick, den wir erleben, ist ein Geschenk, unabhängig von den äußeren Umständen."

Ben war verwirrt, aber auch fasziniert von ihren Worten. Er beobachtete die Frau, wie sie in der Regenpfütze spielte, indem sie kleine Blumenblätter hineinwarf und beobachtete, wie die Wellen sie davontrugen. Es war, als ob sie die Welt um sich herum vergessen hätte und völlig im Moment aufging. Die Frau bemerkte sein Staunen und sagte: "Der Regen bringt Segen für die Felder und erfrischt die Natur. Schließe deine Augen, spüre die Regentropfen auf deiner Haut und lausche dem sanften Klang des Regens. Jeder Moment ist einzigartig und flüchtig, aber wenn wir uns darauf einlassen, können wir wahre Schönheit und Freude darin finden." Ben zögerte einen Moment, aber dann schloss er seine Augen und ließ sich vom Regen benetzen. Er spürte die Kühle des Wassers auf seiner Haut und hörte das sanfte Rascheln der Blätter über ihm. Plötzlich spürte er, wie sich eine Last von seinen Schultern zu lösen schien. In diesem einfachen Moment des Innehaltens fühlte er sich frei und lebendig.

Als er seine Augen wieder öffnete, lächelte er die Frau an und bedankte sich für diesen magischen Augenblick. Die Frau nickte liebevoll und sagte:

# Lebensfreude

"Manchmal müssen wir innehalten und uns die Schönheit um uns herum bewusst machen, um die Freude im Leben wiederzuentdecken. Es sind die kleinen Momente des Glücks, die uns daran erinnern, dass das Leben kostbar ist."

Ben verabschiedete sich von der weisen Frau und ging mit einem wärmeren Herzen weiter. Der Regen schien jetzt weniger trist, und er bemerkte die leuchtenden Farben der Blumen in den Bauerngärten und das fröhliche Lachen der spielenden Kinder im Dorf. Er begriff, dass der Zauber des Augenblicks darin lag, das Leben bewusst zu erleben und die Schönheit auch in den einfachsten Dingen zu erkennen.

Von diesem Tag an fand Ben immer wieder Momente des Zaubers des Augenblicks – sei es der Duft von frischem Heu auf dem Feld, das Lächeln eines Nachbarn oder der Anblick eines Regenbogens nach einem Sommerregen. Er lernte, dass wahre Freude im Hier und Jetzt liegt und dass der Zauber des Lebens oft im Unscheinbaren verborgen ist, wenn wir unsere Herzen und Sinne dafür öffnen. Das Dorf wurde für ihn zu einem Ort der Schönheit und Dankbarkeit, und er erkannte, dass das Leben trotz aller Herausforderungen und Widrigkeiten etwas Wunderbares ist, das es zu schätzen gilt.

# Lebensfreude

*"Die wahre Magie des Lebens
liegt nicht in den großen
Ereignissen, sondern in den
kleinen Augenblicken der
Achtsamkeit und des Staunens."
- Thich Nhat Hanh*

## DER WEG DER RESILIENZ

In einem idyllischen Dorf, umgeben von sanften Hügeln und üppigen Feldern, lebte ein kleines Mädchen namens Emma. Sie war eine lebensfrohe und neugierige Seele, die das Leben in all seinen Facetten liebte. Doch eines Tages brach ein heftiger Sturm über das Dorf herein und verwüstete alles, was Emma kannte und liebte. Ihr Zuhause, ihre Schule und der geliebte Blumengarten ihrer Großmutter – all das war zerstört. Emma und ihre Familie waren am Boden zerstört, aber sie waren auch fest entschlossen, den Weg der Resilienz zu beschreiten. Sie zogen in ein kleines Haus, das sie mit der Zeit liebevoll zu einem neuen Zuhause gestalteten. Doch Emmas Herz war schwer, und die Freude, die sie einst empfunden hatte, schien verloren. Eines Tages, als sie durch die Überreste des Blumengartens ihrer Großmutter ging, entdeckte sie eine zarte Knospe, die trotz der Zerstörung des Sturms überlebt hatte. Die kleine Blume sah so zerbrechlich und verletzlich aus, aber sie strahlte dennoch eine stille Schönheit aus. Emma fühlte eine Verbindung zu dieser Blume und entschied sich, sie zu pflegen. Jeden Tag begoss sie die Blume, entfernte Unkraut und gab ihr liebevolle Worte der Ermutigung. Mit der Zeit begann die Blume zu wachsen und sich zu entfalten, ihre

Blütenblätter öffneten sich und verströmten einen betörenden Duft.

Die kleine Blume wurde zu einem Symbol der Stärke für Emma. Sie erkannte, dass auch sie, wie diese zarte Pflanze, die Fähigkeit hatte, sich aus den Trümmern zu erheben und wieder zu blühen. Obwohl die Wunden des Sturms tief waren, konnte sie den Schmerz überwinden und Stärke aus ihrem Inneren schöpfen. Während Emma ihre Blume pflegte, begann sie auch, sich selbst zu pflegen und an ihrer inneren Stärke zu arbeiten. Sie suchte nach Unterstützung bei ihrer Familie und Freunden, und gemeinsam fanden sie Trost und Halt. Emma lernte, ihre Gefühle auszudrücken und mit ihren Ängsten umzugehen.

Mit der Zeit begann Emma wieder Freude und Begeisterung für das Leben zu empfinden. Sie erkannte, dass die Stärke in ihr ruhte und dass sie jeden Tag eine neue Chance hatte, einen Neuanfang zu machen.

Als die kleine Blume in voller Blüte stand, fühlte Emma eine tiefe Dankbarkeit. Die Blume hatte sie gelehrt, dass das Leben auch nach den schwierigsten Zeiten noch Schönheit und Hoffnung in sich trug.

Emma und die Blume wuchsen gemeinsam weiter und erinnerten das Dorf daran, dass die Resilienz eine Quelle der Stärke und der Fähigkeit zum Wachsen und Blühen ist, selbst in den dunkelsten Stunden. Die Geschichte von Emma und der Blume wurde zu einer Inspirationsquelle für das ganze Dorf und erinnerte sie daran, dass sie gemeinsam alle Stürme des Lebens überstehen konnten.

*"Die stärksten Bäume wachsen*
*nicht in schützenden Gärten,*
*sondern trotzen den Stürmen*
*des Lebens auf den kargen*
*Hängen der Herausforderung." -*
*Friedrich Nietzsche*

## DAS LÄCHELN DES GLÜCKS

Es war ein sonniger Tag im malerischen Dorf, und die Menschen gingen geschäftig ihren Alltagsgeschäften nach. Inmitten des Trubels befand sich ein junger Mann namens Lucas, der ein schweres Herz trug. Er war ein ehrgeiziger Bauer und hatte in letzter Zeit viel Stress und Druck in seinem Leben verspürt. Die Freude und das Lächeln waren aus seinem Gesicht gewichen, und er fühlte sich wie in einem endlosen Strudel der Unzufriedenheit gefangen.

Während er durch die belebte Dorfstraße eilte, fiel ihm eine kleine Straßenkünstlerin auf, die mit ihrer Geige wunderschöne Melodien spielte. Lucas achtete normalerweise nicht auf Straßenkünstler, aber etwas an ihrem Spiel zog ihn magisch an. Er blieb stehen und lauschte dem Klang der Musik. Die Melodie schien direkt in sein Herz zu fließen und die Last auf seinen Schultern zu erleichtern. Als die junge Künstlerin aufblickte und ihren Blick in seinen traf, lächelte sie herzlich. Dieses Lächeln war wie ein Sonnenstrahl, der sich seinen Weg durch die Wolken bahnte und Lucas' Herz erwärmte. Er konnte nicht anders, als zurückzulächeln. In diesem Moment fühlte er sich leichter und freier als je zuvor.

Er steckte einige Münzen in ihren Hut und bedankte sich mit den Worten: "Danke für dieses wundervolle

Lächeln. Du hast meinen Tag erhellt." Die Straßenkünstlerin nickte dankbar und fuhr fort, ihre Musik zu spielen.

Lucas setzte seinen Weg fort, aber das Lächeln der jungen Frau begleitete ihn den ganzen Tag über. Es war, als ob eine unsichtbare Last von ihm genommen wurde, und er fühlte eine neue Leichtigkeit beim Laufen.

In den folgenden Tagen suchte Lucas immer wieder die Straßenkünstlerin auf. Ihr Lächeln und ihre Musik wurden zu einem Wohlfühlort für ihn inmitten des hektischen Dorflebens. Er begann zu erkennen, dass das wahre Glück nicht in materiellen Dingen oder Erfolgen lag, sondern in den einfachen Freuden und Begegnungen des Lebens. Eines Tages, als Lucas wieder vor der Straßenkünstlerin stand, beschloss er, ihr etwas zurückzugeben. Er pflückte eine Blume aus dem Garten seines Bauernhofs und überreichte sie mit einem strahlenden Lächeln. "Danke, dass du mir gezeigt hast, wie kostbar das Lächeln des Glücks sein kann", sagte er.

Die junge Frau lächelte dankbar und sagte: "Ein Lächeln ist wie eine zauberhafte Brücke, die uns miteinander verbindet und uns daran erinnert, dass wir alle in diesem Dorf gemeinsam sind." Lucas erkannte, dass das Lächeln des Glücks ansteckend war. Als er mehr lächelte, bemerkte er, dass auch die

Menschen um ihn herum lächelten. Seine Familie, Freunde und sogar die anderen Dorfbewohner – sie alle fingen an, die Magie des Lächelns zu spüren. Lucas' Leben wurde von diesem magischen Moment an verändert. Er fand in den einfachen Freuden des Dorflebens Zufriedenheit und begann, seine Leidenschaft für die Musik wiederzuentdecken, die er als Kind geliebt hatte. Das Lächeln des Glücks war zu einem festen Bestandteil seines Lebens geworden. Es erinnerte ihn daran, dass das wahre Glück nicht im Streben nach Erfolg liegt, sondern in der Fähigkeit, Freude zu teilen und in den unscheinbaren Momenten des Dorflebens das Glück zu finden.

Und so lebte Lucas fortan mit einem offenen Herzen und einem strahlenden Lächeln im Gesicht. Er hatte gelernt, dass das wahre Glück nicht im Besitz von Reichtümern liegt, sondern in der Freude über die kleinen Dinge des Lebens und in der Verbundenheit mit den Menschen seines geliebten Dorfes.

*"Das Lächeln, das du aussendest,*
*kehrt zu dir zurück wie ein Echo*
*der Freude und des Glücks." -*
*Paramahansa Yogananda*

## DER SCHATZ DES SELBSTVERTRAUENS

In einem kleinen Dorf am Rande des Waldes lebte ein schüchternes Mädchen namens Mia. Sie war talentiert und hatte eine Leidenschaft fürs Singen, doch ihr Selbstvertrauen war so zart wie ein Blütenblatt im Wind. Obwohl sie von Herzen gerne vor anderen Menschen singen wollte, fühlte sie sich immer von Zweifeln und Ängsten zurückgehalten.

Eines Tages hörte sie von einem bevorstehenden Talentwettbewerb. Mia spürte, dass dies ihre Chance sein könnte, den Schatz des Selbstvertrauens zu gewinnen und ihre Ängste zu überwinden. Dennoch war es ein mutiger Schritt für Mia, sich für den Wettbewerb anzumelden. Sie übte heimlich in ihrem Zimmer und träumte davon, auf der Bühne zu stehen und ihre Stimme frei erklingen zu lassen. Doch ihre Ängste hielten sie zurück, und sie zweifelte immer wieder an sich selbst.

Eines Abends, als Mia durch den Wald schlenderte, traf sie eine mysteriöse Gestalt – eine alte Frau mit funkelnden Augen und einem warmen Lächeln. Die Frau spürte Mias Unsicherheit und fragte liebevoll: "Was bedrückt dich, meine liebe?"

Mia erzählte der Frau von ihrem Wunsch, am Talentwettbewerb teilzunehmen, aber ihre Ängste hielten sie zurück. Die alte Frau lächelte sanft und sagte: "Das Selbstvertrauen liegt in dir, mein Kind. Es ist wie ein funkelnder Kristall, der tief in deinem Herzen verborgen ist. Finde ihn, und du wirst den Schatz des Selbstvertrauens entdecken."

Die Worte der Frau berührten Mia tief, und sie beschloss, ihren inneren Schatz zu suchen. Tag für Tag übte sie weiter und erzählte ihren Freunden von ihrem Wunsch, am Talentwettbewerb teilzunehmen. Ihre Freunde waren erstaunt über ihre schöne Stimme und ermutigten sie, ihre Ängste zu überwinden und ihrem Herzen zu folgen. Gemeinsam halfen sie Mia, ihr Selbstvertrauen zu stärken und sich auf den Wettbewerb vorzubereiten. Der Tag des Talentwettbewerbs kam, und Mia fühlte sich nervös, aber auch aufgeregt. Als sie auf die Bühne trat, spürte sie das Funkeln in ihren Augen – das Funkeln des Selbstvertrauens, das endlich ans Licht gekommen war. Ihre Stimme erklang klar und kraftvoll, und sie fühlte sich frei, ihre Leidenschaft mit anderen zu teilen.

Das Publikum war begeistert von Mias Auftritt, und ihr Lied berührte ihre Herzen. Als sie von der Bühne trat, fühlte sie sich leicht wie eine Feder, denn sie hatte den Schatz des Selbstvertrauens gefunden. Obwohl Mia den Talentwettbewerb nicht gewann, erkannte sie, dass das wahre Geschenk darin lag, ihren inneren Schatz zu entdecken. Ihr

# Lebensfreude

Selbstvertrauen strahlte nun wie ein funkelnder Kristall, und sie wusste, dass sie alles erreichen konnte, wenn sie nur an sich glaubte.

Von diesem Tag an lebte Mia mutig und selbstbewusst. Sie sang nicht nur für sich selbst, sondern auch für andere. Ihr Gesang wurde zu einer Quelle der Inspiration für viele, die ebenfalls ihren inneren Schatz des Selbstvertrauens suchten.

Die Geschichte von Mia erinnert uns daran, dass der Schatz des Selbstvertrauens in jedem von uns liegt, bereit, entdeckt zu werden. Wenn wir an uns selbst glauben und unsere Ängste überwinden, können wir unser Potenzial entfalten und strahlend wie ein funkelnder Kristall in der Welt erstrahlen.

*"Der wahre Schatz des Lebens
liegt in der Entdeckung des
Selbstvertrauens, der Quelle
unserer inneren Stärke und des
Glaubens an unsere
Fähigkeiten." - Laozi*

## DAS GEHEIMNIS DER DANKBARKEIT

In einem malerischen Dorf, umgeben von grünen Hügeln und einem glitzernden Fluss, lebte ein kleines Mädchen namens Maya. Sie war ein fröhliches Kind, aber wie alle Kinder erlebte sie auch manchmal schwierige Zeiten. Eines Tages stürmte ein heftiges Unwetter über das Dorf und beschädigte viele Häuser und Felder.

Die Menschen waren traurig und verärgert über die Zerstörung, aber Maya spürte eine ruhige Gelassenheit in sich. Sie wurde von ihrer Großmutter, einer weisen Frau, liebevoll aufgezogen, und sie hatte von ihr gelernt, das Geheimnis der Dankbarkeit zu verstehen. Anstatt sich auf das Negative zu konzentrieren, begann Maya, die kleinen Wunder und Geschenke im Leben zu erkennen. Sie fand Schönheit in den sich entfaltenden Blumen nach dem Regen, Trost in den warmen Umarmungen ihrer Familie und Freude in den einfachen Freuden des Alltags. Als die Dorfbewohner zusammenkamen, um die Schäden zu reparieren, bemerkten sie Mayas besondere Einstellung. Sie war dankbar für ihre Gemeinschaft, die sich gegenseitig half, und für die Gelegenheit, zusammenzuwachsen.

Eines Abends, als die Sonne golden über den Horizont sank, beschloss Maya, ihre Dankbarkeit zu teilen. Sie bat die Menschen des Dorfes, sich um den großen Baum in der Mitte des Dorfplatzes zu versammeln. Dort stand sie auf einer kleinen erhöhten Fläche und begann mit ihrer klaren Stimme zu sprechen. "Meine lieben Freunde, ich möchte euch etwas über das Geheimnis der Dankbarkeit erzählen", begann sie. "In Zeiten der Not und des Kummers haben wir immer noch so viel, wofür wir dankbar sein können. Dankbarkeit ist wie ein Zauber, der uns die Augen für die Schönheit und Fülle des Lebens öffnet."

Mayas Worte berührten die Herzen der Dorfbewohner, und sie begannen, über die kleinen Wunder und Geschenke in ihrem Leben nachzudenken. Sie erinnerten sich an die bedeutsamen Begegnungen, die sie hatten, und die Momente des Glücks, die sie erlebt hatten. Und so entfaltete sich eine besondere Atmosphäre der Dankbarkeit im Dorf. Die Menschen begannen, ihre Dankbarkeit füreinander auszudrücken und für die kleinen Wunder, die sie oft als selbstverständlich betrachtet hatten. Mayas Großmutter beobachtete stolz ihre Enkelin und wusste, dass sie das Geheimnis der Dankbarkeit mit ihren einfachen, aber kraftvollen Worten geteilt hatte. Die Botschaft verbreitete sich im Dorf wie ein sanfter Wind, und die Menschen erkannten, wie sehr Dankbarkeit ihr Leben bereichern konnte. In den kommenden Wochen und Monaten fühlte sich das Dorf von einer neuen Energie erfüllt. Die Gemeinschaft war stärker als je zuvor, und die Menschen halfen einander mit einem offenen Herzen und einer freudigen Dankbarkeit.

Maya hatte das Geheimnis der Dankbarkeit in sich entdeckt und es mit anderen geteilt, und in ihrem Dorf fand sich ein wahrer Zauber der Dankbarkeit wieder. Die Geschichte von Maya erinnerte die Menschen daran, dass inmitten der Stürme des Lebens die Dankbarkeit das Licht ist, das uns durch die Dunkelheit führt und uns daran erinnert, die kleinen Wunder und Geschenke des Lebens zu schätzen.

*"Die wahre Entdeckung liegt*
*nicht im Finden von Wundern,*
*sondern im Finden von*
*Dankbarkeit für die Wunder, die*
*bereits um uns herum*
*existieren." - Epicurus*

## DIE KRAFT DER VERBUNDENHEIT

In einem malerischen Dorf, umgeben von saftig grünen Feldern und sanften Hügeln, lebte eine einsame Frau namens Emily. Sie hatte eine hohe Mauer um ihr Herz errichtet und fühlte sich von der Welt isoliert. Die Hektik des Lebens hatte sie von ihren Mitmenschen entfremdet, und sie sehnte sich nach Verbundenheit, wagte es jedoch nicht, ihre Gefühle zu zeigen.

Eines Abends, als Emily auf ihrer kleinen Holzveranda stand und den klaren Sternenhimmel betrachtete, fühlte sie plötzlich eine leichte Berührung an ihrer Schulter. Verwundert drehte sie sich um und sah einen älteren Mann mit einem freundlichen Lächeln.

"Ich sehe dich oft hier oben alleine stehen", sagte der Mann mitfühlend. "Das Dorfleben kann manchmal einsam sein, aber die Kraft der Verbundenheit ist mächtig. Wir sind alle miteinander verbunden, auch wenn wir es nicht immer sehen." Emily war überrascht, dass dieser Fremde ihre Gefühle zu verstehen schien. "Was meinst du damit?" fragte sie neugierig.

Der Mann antwortete: "Jeder von uns trägt eine einzigartige Geschichte und Erfahrung in sich. Wenn wir uns erlauben, unsere Wände niederzureißen und uns mit anderen zu teilen, können wir echte

Verbindungen knüpfen. Die Kraft der Verbundenheit liegt darin, dass wir uns gegenseitig unterstützen, Trost spenden und Freude teilen können." Emily lauschte den Worten des Mannes und fühlte, wie seine Worte eine tiefe Sehnsucht in ihr weckten. Sie spürte, dass sie sich nach diesem Gefühl der Verbundenheit gesehnt hatte, aber sie hatte es so lange verdrängt.

Der Mann erzählte Emily von einer nahegelegenen Gemeinschaftsgruppe im Dorf, in der Menschen zusammenkamen, um sich auszutauschen, zu helfen und gemeinsame Interessen zu teilen. Er lud sie ein, einmal teilzunehmen und zu sehen, wie die Kraft der Verbundenheit ihr Leben verändern könnte. Zögerlich, aber neugierig, folgte Emily seinem Rat und besuchte die Gemeinschaftsgruppe. Dort traf sie auf Menschen unterschiedlichen Alters und Hintergrunds, die alle das Bedürfnis nach Verbundenheit teilten. Sie hörte inspirierende Geschichten, lachte gemeinsam mit anderen und fand Trost, als sie ihre eigenen Herausforderungen teilte. Im Laufe der Zeit öffnete Emily ihr Herz der Verbundenheit, und wie ein Netzwerk der Herzen fand sie Unterstützung, Freundschaft und bedingungslose Liebe in der Gemeinschaft. Sie erkannte, dass das Teilen ihrer Verletzlichkeit sie stärker machte und dass sie, indem sie sich selbst zeigte, andere ermutigen konnte, dasselbe zu tun.

Emily war dankbar für die Kraft der Verbundenheit, die ihr Leben verändert hatte. Sie entdeckte, dass in dem engen Geflecht von Beziehungen im Dorf ein Gefühl der Zugehörigkeit und Wärme entstanden war.

Mit einem Lächeln auf den Lippen und einem offenen Herzen setzte Emily ihre Reise fort, die Kraft der Verbundenheit zu teilen und andere daran zu erinnern, dass sie nie allein sind. Denn in den feinen Fäden der Verbundenheit liegt die Magie, die uns alle miteinander verbindet und uns daran erinnert, dass wir gemeinsam stärker sind. In ihrem Dorf fand Emily wahre Freundschaft und Geborgenheit und lernte, dass die wertvollsten Schätze im Leben in den Herzen der Menschen liegen, die uns umgeben.

*"Die Kraft der Verbundenheit liegt in der Fähigkeit, unsere Mauern niederzureißen und unsere Herzen miteinander zu teilen. In diesem Austausch finden wir Trost, Unterstützung und die wunderbare Erkenntnis, dass wir nie allein sind." - Jean-Jacques Rousseau*

## DIE REISE DER SELBSTFINDUNG

In einem abgelegenen Dorf, umgeben von majestätischen Bergen und üppigen Wäldern, lebte ein junger Mann namens David. Er war ein Träumer und fühlte eine tiefe Sehnsucht nach der Bedeutung des Lebens. Doch er war auch verwirrt und unentschlossen, da er nicht wusste, welchen Weg er einschlagen sollte. Eines Tages, als David am Ufer des ruhigen Sees saß und in die Ferne blickte, bemerkte er eine mysteriöse Gestalt am anderen Ende des Ufers. Es war ein weiser alter Mann, dessen graues Haar und faltiges Gesicht von einer tiefen Weisheit zeugten.

Der alte Mann lächelte sanft und lud David ein, sich zu ihm zu setzen. "Ich sehe, dass du auf der Reise der Selbstfindung bist, junger Freund", sagte er mit einer ruhigen Stimme. "Ich kann dir helfen, den Weg zu finden, wenn du bereit bist, dein Herz zu öffnen." David war neugierig und willigte ein, dem alten Mann zuzuhören. Der Weise reichte ihm ein altes, abgenutztes Buch, das mit goldenen Schriftzeichen verziert war. "Dies ist das Buch der Erkenntnisse", erklärte er. "In seinen Seiten sind die Geschichten und Lehren von Weisen, die auf der Suche nach sich selbst waren. Lies es mit offenem Herzen und lass es dich auf deiner Reise führen."

David nahm das Buch dankbar an und begann darin zu lesen. Die Geschichten führten ihn durch faszinierende Abenteuer und tiefgreifende Einsichten. Er entdeckte, dass jeder Weise auf seine eigene Art und Weise nach Wahrheit und Erkenntnis suchte. Die Reise der Selbstfindung führte David zu den entferntesten Ecken des Dorfes, wo er weise Mönche, einfache Dorfbewohner und geheimnisvolle Einsiedler traf. Jeder von ihnen hatte eine einzigartige Geschichte zu erzählen und eine kostbare Lektion zu lehren.

Er traf einen alten Mönch, der ihn lehrte, dass Selbstfindung ein Weg der Achtsamkeit und Meditation ist, der in die tiefsten Schichten der Seele führt. Er begegnete einem einsamen Schmied, der ihm zeigte, wie man durch die Herausforderungen des Lebens gestärkt wird und zu einem besseren Selbst heranwächst. David lernte von einer weisen Frau, dass Selbstfindung auch bedeutet, sich mit seinen Schwächen und Fehlern zu versöhnen und sich selbst zu lieben, so wie man ist. Er begegnete einem jungen Künstler, der ihm zeigte, dass Selbstausdruck und Leidenschaft die Schlüssel zur Selbstfindung sind.

Mit jedem neuen Erkenntnispunkt, den er im Buch der Erkenntnisse entdeckte, fühlte sich David tiefer mit sich selbst und der Welt verbunden. Er fand

Antworten auf seine Fragen und entdeckte seine eigene Wahrheit in den Geschichten der Weisen. Am Ende seiner Reise kehrte David zum Ufer des Sees zurück, wo der alte Mann auf ihn wartete. Mit einem warmen Lächeln fragte der Weise: "Hast du das Buch der Erkenntnisse gelesen, mein junger Freund?" David nickte und erklärte: "Ja, und es hat mir geholfen, viele Antworten zu finden und meine Reise der Selbstfindung zu erleuchten."

Der alte Mann nickte zufrieden. "Die Reise der Selbstfindung ist eine Reise, die niemals endet", sagte er. "Das Buch der Erkenntnisse mag deine Reise geführt haben, aber die wahre Weisheit liegt in dir. Folge deinem Herzen und deiner Intuition, und du wirst immer auf dem richtigen Weg sein."

David bedankte sich bei dem alten Mann für seine Führung und Ermutigung. Von diesem Tag an wusste er, dass die Reise der Selbstfindung eine lebenslange Entdeckungsreise ist, die ihn dazu bringen würde, seine innersten Träume, Leidenschaften und Stärken zu erkennen. Das Buch der Erkenntnisse hatte ihm geholfen, den Weg zu finden, aber er wusste, dass der wahre Schatz in der Verbindung mit sich selbst lag und dass diese Verbundenheit ihn zu einem erfüllten und wahrhaftigen Leben führen würde.

# Lebensfreude

*"Die Reise der Selbstfindung ist wie das Lesen eines Buches voller Geschichten und Weisheiten. Doch die wertvollste Erkenntnis liegt darin, dass du selbst der Autor und Gestalter dieser Geschichte bist, die dein Leben formt." - Ralph Waldo Emerson*

## DER MUT ZUM LOSLASSEN

In einem abgelegenen Bergtal lebte ein einsamer Falke namens Leo. Er war bekannt für seine majestätische Schönheit und seine beeindruckenden Flugkünste. Doch Leo war auch unglücklich, denn er fühlte sich in seinem Tal gefangen und sehnte sich nach Freiheit. Eines Tages sah Leo eine Gruppe wilder Falken hoch oben am Himmel, die majestätisch in den Lüften kreisten. Ihr Ruf nach Freiheit berührte sein Herz, und er spürte eine Sehnsucht nach den endlosen Weiten des Himmels. Als Leo mit seinem Wunsch nach Freiheit zu seiner weisen Freundin, der Eule, kam, hörte sie ihm aufmerksam zu. Sie kannte die innere Qual, die der Wunsch nach Freiheit mit sich bringen konnte, aber sie wusste auch, dass Freiheit manchmal Mut zum Loslassen erfordert.

"Mein lieber Leo, Freiheit ist ein kostbares Geschenk", sprach die Eule sanft. "Aber du musst lernen, loszulassen, um sie zu erlangen. Lass deine Ängste und Zweifel los und vertraue deinen Flügeln. Der Mut zum Loslassen wird dir die Freiheit geben, die du dir wünschst." Leo zögerte, denn er hatte Angst davor, das Vertraute und Sicherheit des Tals zu verlassen. Doch er sehnte sich so sehr nach der Freiheit des

Himmels, dass er beschloss, seiner Eule Freundin zu vertrauen und den Mut zum Loslassen zu finden.

Mit einem klopfenden Herzen und einem Gefühl der Aufregung breitete Leo seine majestätischen Flügel aus und erhob sich in die Lüfte. Es war beängstigend und aufregend zugleich, aber er spürte, wie die Luft unter seinen Flügeln ihn nach oben trug. Mit jedem Flügelschlag fühlte Leo eine Welle der Freiheit, die ihn erfüllte. Er flog höher und höher, immer weiter in den Himmel hinauf. Die Sorgen und Ängste des Tals schienen mit jedem Meter unter ihm zu verblassen. Als er die Wolken durchbrach, fühlte sich Leo endlich frei. Er genoss den weiten Horizont und die grenzenlose Weite des Himmels. Die Gruppe wilder Falken, die er zuvor gesehen hatte, begrüßte ihn mit offenen Flügeln und nahm ihn in ihre Gemeinschaft auf.

Leo hatte den Mut zum Loslassen gefunden und die Flügel der Freiheit entdeckt. Er lernte, dass Freiheit nicht bedeutete, ohne Sorgen zu sein, sondern sich seinen Ängsten zu stellen und sie zu überwinden. In der Verbundenheit mit den anderen Falken fand er Unterstützung und Zusammenhalt. Leo kehrte ab und zu zum Tal zurück, aber er wusste nun, dass er immer die Möglichkeit hatte, die Flügel der Freiheit auszubreiten und in den Himmel zu steigen, wann immer er es wollte.

Die Geschichte von Leo erinnert uns daran, dass wir alle die Kraft haben, den Mut zum Loslassen zu finden und uns von unseren Ängsten und Zweifeln zu befreien. Wenn wir den Sprung ins Unbekannte wagen, können wir die Flügel der Freiheit entfalten und die Weiten des Lebens erkunden, um unser wahres Potenzial zu entdecken.

*"Die wahre Freiheit liegt nicht im Fliegen ohne Fesseln, sondern im Mut, die Fesseln zu lösen und den Himmel mit eigenen Flügeln zu erkunden." - Epiktet*

## DIE KUNST DES NEUANFANGS

In einem kleinen Dorf lebte ein talentierter junger Künstler namens Samuel. Er träumte davon, ein Meister seines Fachs zu werden und mit seinen Gemälden die Herzen der Menschen zu berühren. Doch Samuel fühlte sich oft überwältigt von der Kunst des Anfangs. Er saß vor einer leeren Leinwand und wusste nicht, wie er den ersten Pinselstrich setzen sollte. Eines Tages besuchte Samuel eine Kunstausstellung in der Stadt. Dort traf er eine weise Künstlerin namens Eva, die seine Unsicherheit spürte und ihn ermutigte, die Kunst des Anfangs zu verstehen.

"Die Kunst des Anfangs ist wie das Erblühen einer Blume", erklärte Eva. "Du musst den Samen der Inspiration in dir pflanzen und ihn mit Mut und Geduld hegen. Jeder Pinselstrich ist ein Schritt auf dem Weg zu einem Meisterwerk." Samuel lauschte aufmerksam den Worten von Eva und fragte sie, wie sie den Mut zum Anfangen fand. Eva erzählte ihm von einem besonderen Ritual, das sie vor jedem neuen Projekt durchführte. Sie nahm sich Zeit, um sich in der Natur zu verbinden und sich von den Elementen inspirieren zu lassen. "Die Natur lehrt uns viel über den Kreislauf des Lebens und des Neubeginns", sagte Eva. "Jeder Sonnenaufgang ist ein neuer Anfang, und jeder Sonnenuntergang ist ein Abschied. Wenn du dich mit der Kraft der Natur verbindest, wirst du den Mut finden, den ersten Pinselstrich zu setzen."

Samuel folgte Evas Rat und begann sein eigenes Ritual des Neubeginns. Er ging früh am Morgen hinaus, um den Sonnenaufgang zu beobachten, und ließ sich von den leuchtenden Farben des Himmels inspirieren. Er spürte, wie die Energie der Natur in sein Herz strömte und seine Hände mit Kreativität erfüllte. Mit einem neuen Gefühl der Entschlossenheit setzte Samuel den ersten Pinselstrich auf seine Leinwand. Es war ein zarter, vorsichtiger Strich, der den Anfang eines neuen Meisterwerks darstellte. Mit jedem weiteren Pinselstrich fühlte er sich mutiger und inspirierter.

Die Kunst des Anfangs wurde zu einer Reise der Selbstentdeckung für Samuel. Er erkannte, dass der Prozess des Anfangens ebenso wichtig war wie das Endergebnis. Jeder Pinselstrich drückte seine Gefühle und Gedanken aus und spiegelte seine innere Reise wieder. Eva unterstützte Samuel auf seinem Weg und half ihm, seine Unsicherheit zu überwinden. Sie zeigte ihm, wie er mit Mut und Geduld die Leinwand zum Leben erwecken konnte. Samuel lernte, dass es in der Kunst des Anfangs nicht darum ging, perfekt zu sein, sondern authentisch und einfallsreich. Mit der Zeit entwickelte Samuel seinen eigenen einzigartigen Stil und wurde zu einem gefeierten Künstler. Seine Gemälde berührten die Seelen der Menschen und ließen sie in die Schönheit und Magie seiner Werke eintauchen.

Die Geschichte von Samuel erinnert uns daran, dass der Anfang eines jeden Projekts, jeder Reise und jeder Veränderung eine Kunst für sich ist. Es erfordert Mut, sich dem Unbekannten zu stellen und den ersten Schritt zu wagen. Doch wenn wir uns mit der Kraft der Natur verbinden und uns von der Inspiration durchdringen lassen, können wir den Pinsel des Neubeginns schwingen und ein Meisterwerk schaffen, das die Welt berührt.

*"Die Kunst des Anfangs gleicht dem ersten Pinselstrich auf einer leeren Leinwand. In ihm ruht das Potenzial für ein Meisterwerk, das mit jeder weiteren Berührung der Seele näherkommt." - Unbekannter Philosoph*

## Die Reise ins Unbekannte

In den tiefen Wäldern des Nordens lebte ein junger Mann namens Finn. Er war ein begabter Schriftsteller, der Geschichten über Motivation, Selbstmanagement und Gelassenheit verfasste. Doch obwohl er anderen Menschen half, ihr Leben zu verbessern, fühlte er sich selbst oft unruhig und unzufrieden. Eines Tages, als er an seinem Schreibtisch saß und nach Inspiration suchte, entdeckte er eine vergilbte Landkarte in einer verstaubten Schublade.

Die Karte zeigte einen entlegenen Ort, den kaum jemand je betreten hatte - das Land des Unbekannten. Intrigiert von der Idee, die Geheimnisse des Unbekannten zu erkunden, beschloss Finn, sich auf eine abenteuerliche Reise zu begeben. Er packte seine Sachen, nahm Stift und Papier mit, und machte sich auf den Weg. Die Reise führte ihn durch dichte Wälder, majestätische Berge und unendliche Ebenen. Auf seinem Weg begegnete er einigen Gefahren und Hindernissen, die er mit seiner Entschlossenheit und Gelassenheit überwand. In schwierigen Momenten schrieb er in sein Tagebuch und fand Trost und Erkenntnis in seinen eigenen Worten.

Unterwegs traf Finn auf bemerkenswerte Menschen, die ihm mit Weisheit und Mut begegneten. Von einem weisen alten Eremiten lernte er, wie man die Vergangenheit loslässt und im gegenwärtigen Moment lebt. Von einem abenteuerlustigen Nomaden lernte er, dass das Leben in der Unberechenbarkeit liegen kann, aber dennoch schön ist, wenn man Vertrauen hat. Von einer mutigen Kriegerin lernte er, dass die wahre Stärke in der Annahme der eigenen Schwächen liegt. Je weiter Finn in das Unbekannte vordrang, desto mehr entdeckte er über sich selbst. Er erkannte, dass er sich oft von den Erwartungen anderer leiten ließ und seinen eigenen Wert in den Augen anderer suchte. Doch auf dieser Reise erlangte er eine neue Sicht auf die Dinge - er begann, sein eigenes Selbst zu schätzen und seine Stärken anzuerkennen.

Eines Tages, als er den höchsten Gipfel des Unbekannten erklomm, sah er eine faszinierende Aussicht. Vor ihm erstreckte sich ein weites Land, das in goldenes Licht getaucht war. In diesem Moment erkannte Finn, dass das Unbekannte nicht nur ein physischer Ort war, sondern auch eine Reise zu sich selbst. Er hatte eine innere Ruhe gefunden, die er zuvor nie gekannt hatte. Mit einer Fülle an Inspiration und Weisheit kehrte Finn in seine Heimat zurück. Seine Geschichten waren nun nicht nur mit Wissen, sondern auch mit einer tiefen persönlichen Erfahrung gesegnet. Menschen aus der ganzen Welt wurden von seinen Worten berührt und fanden darin die Kraft, ihr eigenes Leben zu verbessern.

Finn hatte erkannt, dass das Leben eine Reise ins Unbekannte ist - voller Herausforderungen, Überraschungen und Selbstentdeckungen. Und so schrieb er weiterhin seine Geschichten über Motivation, Selbstmanagement und Gelassenheit, aber nun mit der unerschütterlichen Gewissheit, dass die wertvollste Reise die ist, die man zu sich selbst unternimmt.

*"Die wahre Reise führt nicht nur durch die Welt da draußen, sondern vor allem durch das unerforschte Terrain unseres eigenen Selbst." - Unbekannter Philosoph*

## Das Geheimnis der Selbstmotivation

In einer kleinen Stadt lebte ein junger Mann namens Alex. Er war ein leidenschaftlicher Künstler, der davon träumte, eines Tages seine Werke in einer renommierten Galerie auszustellen. Doch in letzter Zeit hatte er Schwierigkeiten, sich selbst zu motivieren. Seine Kreativität schien blockiert zu sein, und er zweifelte daran, ob er jemals seinen Traum verwirklichen könnte. Eines Tages begegnete Alex einem alten Mann namens Mr. Wallace, der für seine Weisheit und Lebenserfahrung bekannt war. Mr. Wallace erkannte sofort, dass Alex mit einem inneren Kampf zu kämpfen hatte. Er lächelte sanft und sagte: "Manchmal verlieren wir den Fokus auf unsere Ziele und vergessen, wie stark wir wirklich sind. Aber Selbstmotivation ist der Schlüssel, um deine Träume zu erreichen."

Alex war neugierig und fragte: "Aber wie finde ich die Motivation in mir, wenn ich mich so entmutigt fühle?" Mr. Wallace antwortete mit einer Geschichte: "Vor langer Zeit lebte ein junger Samensprössling in einem tiefen Wald. Er sehnte sich danach, hoch in den Himmel zu wachsen und die Sonne zu berühren. Doch der Weg dorthin war dunkel und voller Hindernisse. Doch der kleine Sprössling war entschlossen, sein Ziel zu erreichen." "Tag für Tag kämpfte er gegen den Schatten der Bäume, die ihn umgaben. Manchmal zweifelte er, ob er stark genug war, um durchzukommen. Doch er erinnerte sich an seine tiefe Sehnsucht nach dem Licht, und das gab ihm die Kraft, weiterzumachen."

Alex hörte aufmerksam zu und fragte: "Und hat der Sprössling es geschafft?" Mr. Wallace nickte und fuhr fort: "Ja, nach vielen Monaten harter Arbeit und Ausdauer durchbrach der Sprössling endlich die Baumgrenze und sah das warme Licht der Sonne. Er war überglücklich und wusste, dass er sein Ziel erreicht hatte."

Alex verstand die Botschaft hinter der Geschichte und erkannte, dass er seine innere Motivation wiederfinden musste. Er beschloss, jeden Tag kleine Schritte zu unternehmen, um seinem Traum näher zu kommen. Er begann, ein Tagebuch zu führen, in dem er seine Ziele aufschrieb und seine Fortschritte festhielt.

Wenn er sich entmutigt fühlte, las er die Worte von Mr. Wallace und erinnerte sich an den kleinen Samensprössling, der sein Ziel erreichte. Alex erkannte, dass Selbstmotivation eine tägliche Entscheidung war, die er treffen musste. Es war nicht immer einfach, aber er ließ sich nicht entmutigen.

Mit der Zeit begann Alex, seine Kreativität zu entfalten und er schuf immer eindrucksvollere

Kunstwerke. Er begann, seine Werke in kleinen Ausstellungen zu zeigen, und sein Talent wurde endlich erkannt. Schließlich erhielt er die Gelegenheit, seine Werke in einer renommierten Galerie auszustellen, genau wie er es sich immer gewünscht hatte.

Die Geschichte von Alex ist eine Erinnerung daran, dass Selbstmotivation der Schlüssel ist, um die höchsten Ziele zu erreichen. Mit Entschlossenheit, Ausdauer und einem unerschütterlichen Glauben an sich selbst kann man seine Träume Wirklichkeit werden lassen. Und so wie der kleine Samensprössling im Wald, kann auch jeder von uns sein volles Potenzial entfalten und das Licht des Erfolgs erreichen.

*"Die wahre Größe der Selbstmotivation liegt nicht darin, dass wir nie fallen, sondern darin, dass wir jedes Mal wieder aufstehen und unser inneres Feuer entfachen, selbst wenn die Dunkelheit uns umgibt." – Konfuzius*

## Die Macht der positiven Gedanken

In einer malerischen Stadt namens Sonnenfeld lebte eine junge Frau namens Mia. Sie hatte immer ein Lächeln auf den Lippen und strahlte eine positive Energie aus, die die Herzen der Menschen um sie herum berührte. Mia glaubte fest an die Macht der positiven Gedanken und hatte die erstaunliche Fähigkeit, diese Energie auf andere zu übertragen. Eines Tages kam ein trauriger und desillusionierter Mann namens David in die Stadt. Er war einst ein erfolgreicher Geschäftsmann, aber eine Reihe von Rückschlägen hatte ihn bitter gemacht. David fühlte sich von Pessimismus umgeben und konnte nicht mehr daran glauben, dass sich sein Leben jemals zum Besseren wenden würde.

Als David durch die Straßen von Sonnenfeld ging, bemerkte er Mia, wie sie mit einem freundlichen Lächeln auf die Menschen zuging und ihnen ermutigende Worte zusprach. Etwas in ihrem strahlenden Wesen zog ihn magisch an. Er beschloss, sie anzusprechen, in der Hoffnung, dass sie ihm helfen könnte, seine Dunkelheit zu vertreiben. Mia begrüßte David mit offenen Armen und spürte sofort die Last, die er mit sich herumtrug. Sie lud ihn zu einer Tasse Tee in einem gemütlichen Café ein und begann ihm von ihrer eigenen Erfahrung mit der Macht der positiven Gedanken zu erzählen.

"Vor einigen Jahren befand ich mich in einer ähnlichen Situation wie du, David", begann Mia sanft. "Ich hatte das Gefühl, dass nichts in meinem Leben gut lief und dass ich die Kontrolle verloren hatte. Aber dann habe ich begonnen, meine Gedanken bewusst zu lenken."

Sie erzählte ihm, wie sie begonnen hatte, sich auf die guten Dinge in ihrem Leben zu konzentrieren und dankbar für das zu sein, was sie hatte. Sie sprach von der Kraft des positiven Denkens, die ihr half, schwierige Zeiten zu überwinden und neue Möglichkeiten zu entdecken.

David lauschte aufmerksam ihren Worten und spürte, wie etwas in ihm zu erwachen begann. Er erkannte, dass er seine eigene Wahrnehmung der Welt beeinflussen konnte, und dass sein Pessimismus ihn nur noch weiter in die Dunkelheit trieb. In den folgenden Wochen verbrachte David viel Zeit mit Mia und ließ sich von ihrer positiven Energie inspirieren. Er begann, bewusst negative Gedanken durch positive zu ersetzen und fand allmählich wieder Hoffnung und Zuversicht. Als David seinen Glauben an sich selbst und die Welt um ihn herum wiederentdeckte, begannen sich auch seine äußeren Umstände zu verändern. Er begann neue

Möglichkeiten zu erkennen und nutzte sie mit Entschlossenheit. Sein Geschäft begann langsam, aber stetig zu wachsen, und er fand sogar eine neue Leidenschaft für gemeinnützige Arbeit, um anderen zu helfen.

In einem Jahr hatte sich Davids Leben komplett gewandelt. Er war wieder glücklich, erfolgreich und fühlte sich erfüllt. Er dankte Mia und erklärte, dass sie sein Leben gerettet habe. Mia lächelte sanft und sagte: "Ich habe dein Leben nicht gerettet, David. Du hast das selbst getan, indem du die Macht der positiven Gedanken erkannt hast. Wir haben alle die Fähigkeit, unsere Gedanken zu lenken und unser Leben zu gestalten. Du hast nur vergessen, dass du diese Macht besitzt. Ich bin nur froh, dass ich dir dabei helfen konnte, sie wiederzuentdecken."

Und so lebten Mia und David fortan als leuchtende Beispiele für die Macht der positiven Gedanken. Ihre Geschichte verbreitete sich in der Stadt Sonnenfeld und darüber hinaus. Menschen wurden inspiriert, ihre eigenen Gedanken bewusst zu lenken und positiven Wandel in ihrem Leben herbeizuführen. Und so leuchteten die Straßen von Sonnenfeld immer heller, erfüllt von der Kraft der positiven Gedanken, die in jedem Einzelnen lebte.

*"Der Geist ist alles. Was du denkst, das wirst du." – Buddha*

## Die Lebensuhr

Es war einmal in einem malerischen Dorf, umgeben von sanften Hügeln und duftenden Wiesen, dort lebte ein weiser alter Mann namens Benjamin. Benjamin war bekannt für seine Weisheit, seine Gelassenheit und seine unerschütterliche Motivation. Jeden Morgen saß er unter einem alten Eichenbaum auf einer kleinen Bank und lauschte dem sanften Plätschern des nahen Baches. Eines Tages kam ein junger Mann namens Jonathan aus der Stadt in das Dorf, auf der Suche nach einem neuen Sinn im Leben. Er hatte viel erreicht, doch seine Motivation war erloschen, und sein Selbstmanagement war aus dem Gleichgewicht geraten. Er hatte von Benjamin gehört und beschloss, ihn aufzusuchen und nach Rat zu fragen.

Als Jonathan Benjamin fand, saß der weise Mann auf seiner Bank und betrachtete eine seltsame Uhr in seinen Händen. Die Uhr hatte keine Zeiger, sondern eine drehbare Scheibe mit einer einzigartigen Skala, die von "Jugend" bis "Alter" reichte. Verwirrt fragte Jonathan: "Was ist das für eine merkwürdige Uhr?"

Benjamin lächelte sanft und erklärte: "Das ist die Lebensuhr. Jeder von uns hat eine solche Uhr. Wenn wir geboren werden, beginnt die Scheibe sich zu drehen und zeigt unser Alter an. Doch es ist nicht das

Alter im Sinne von Jahren, sondern es misst die Zeit, die uns noch bleibt, um unsere Lebensziele zu erreichen und unser Potenzial zu entfalten." Jonathan war fasziniert von der Idee und fragte: "Kann man die Uhr anhalten oder zurückdrehen?" Benjamin schüttelte den Kopf. "Nein, die Uhr läuft unaufhaltsam weiter. Aber du kannst beeinflussen, wie du die verbleibende Zeit nutzt. Deine Motivation, dein Selbstmanagement und deine Entschlossenheit sind der Schlüssel dazu." Jonathan sah nachdenklich auf die Uhr und sagte: "Ich habe das Gefühl, dass meine Uhr schon viel zu schnell läuft. Ich habe so viele Dinge, die ich noch erreichen möchte, aber ich fühle mich wie gelähmt, als könnte ich nichts tun." Der weise Mann antwortete: "Die Zeit mag sich manchmal schnell anfühlen, aber du musst nicht in Eile sein. Finde zuerst heraus, was dich wirklich motiviert und was deine Ziele sind. Setze Prioritäten und teile deine großen Träume in kleine Schritte. Das wird dir helfen, dein Selbstmanagement zu verbessern und die Dinge in die richtige Perspektive zu rücken." Jonathan nickte nachdenklich und fragte: "Und wie finde ich Gelassenheit in all dem?" Benjamin lächelte erneut und sagte: "Gelassenheit kommt, wenn du akzeptierst, dass du nicht alles kontrollieren kannst. Konzentriere dich auf das, was du beeinflussen kannst, und lerne, mit den Dingen umzugehen, die außerhalb deiner Kontrolle liegen. Finde auch Zeit für Ruhe und Entspannung, um neue Energie zu tanken." So begann Jonathan seine Zeit im Dorf zu verbringen, um von Benjamin zu lernen. Er verbrachte Stunden unter dem alten Eichenbaum und führte inspirierende Gespräche mit dem weisen Mann. Langsam aber stetig fand er seine Motivation wieder, strukturierte seine Tage und erlangte mehr Gelassenheit. Mit der Zeit merkte Jonathan, dass sich seine Lebensuhr zwar weiterdrehte, aber er fühlte sich nicht mehr gehetzt. Er lernte, dass es nicht darum ging, wie viel Zeit ihm noch blieb, sondern wie er die verbleibende Zeit nutzte. Er begann, seine Träume zu verwirklichen und half auch anderen Dorfbewohnern dabei, ihre Ziele zu erreichen. Eines Tages, als Jonathan wieder unter dem Eichenbaum saß und mit Benjamin plauderte, bemerkte er, dass die Lebensuhr des alten Mannes ebenfalls immer weiter voranschritt. Er fragte: "Benjamin, du hast auch eine Lebensuhr. Wie gehst du mit deiner Zeit um?" Der weise Mann lächelte und antwortete: "Meine Zeit mag begrenzt sein, aber ich habe gelernt, dass das Leben in jedem Moment kostbar ist. Indem ich mein Wissen und meine Weisheit mit anderen teile, lebe ich weiter in ihren Herzen. Die Lebensuhr mag irgendwann enden, aber die Auswirkungen, die wir auf andere haben, können für immer weiterleben."

Jonathan nickte nachdenklich und wusste, dass er von Benjamin nicht nur Motivation, Selbstmanagement und Gelassenheit gelernt hatte, sondern auch die Bedeutung eines erfüllten Lebens. Die Lebensuhr mochte für alle unaufhaltsam weiterlaufen, aber es lag an jedem Einzelnen, wie er die ihm gegebene Zeit nutzte, um das Beste aus seinem Leben zu machen.

*"Die Zeit, die wir haben, ist begrenzt, aber die Art und Weise, wie wir sie nutzen, ist grenzenlos." - Unbekannter Philosoph*

## Die Kraft der Freundschaft

In einem kleinen Dorf namens Sonnenheim lebten zwei beste Freunde namens Emma und Lucas. Seit ihrer Kindheit waren sie unzertrennlich und teilten Freude, Abenteuer und auch die Herausforderungen des Lebens miteinander. Die beiden hatten unterschiedliche Talente, aber ihre Freundschaft gab ihnen die Kraft, gemeinsam alles zu meistern. Eines Tages zog ein heftiger Sturm über das Dorf und hinterließ eine Spur der Verwüstung. Viele Häuser wurden beschädigt, Bäume entwurzelt und die Ernte zerstört. Das Dorf war verzweifelt und wusste nicht, wie es mit der Aufräumarbeit beginnen sollte. Emma und Lucas waren fest entschlossen, ihren Mitbewohnern zu helfen. Sie wussten, dass sie gemeinsam viel mehr bewirken konnten. Sie trommelten alle Kinder des Dorfes zusammen und erklärten, dass sie eine Aufräumtruppe bilden würden. Die Kinder waren begeistert und schlossen sich ihnen an.

Die beiden Freunde organisierten die Aufräumarbeiten mit viel Energie und Begeisterung. Emma hatte eine starke Führungspersönlichkeit und konnte die Kinder motivieren, während Lucas mit seiner kreativen Denkweise innovative Lösungen fand, um die Aufgaben effizient zu bewältigen.

Gemeinsam räumten sie die Straßen auf, sammelten Trümmer und halfen den Bewohnern, ihre Häuser zu reparieren. Die Dorfbewohner waren überwältigt von der Kraft und dem Zusammenhalt der Kinder. Als sie sahen, wie die Freunde ihre Fähigkeiten und ihre Freundschaft nutzten, um das Dorf wiederaufzubauen, wurden sie ermutigt und begannen ebenfalls, sich zu beteiligen. Die Gemeinschaftsarbeit schweißte alle noch enger zusammen.

Während der Aufräumarbeiten entdeckten Emma und Lucas eine verlassene Scheune am Rande des Dorfes. Sie hatten die Idee, diese Scheune in einen Gemeinschaftstreffpunkt zu verwandeln, in dem sich die Dorfbewohner versammeln und neue Freundschaften knüpfen konnten. Sie sahen darin eine Möglichkeit, die Kraft der Freundschaft auf das ganze Dorf auszuweiten. Mit vereinten Kräften renovierten sie die Scheune und gaben ihr den Namen "Freundschaftshaus". Bald wurde es zu einem lebendigen Zentrum des Dorfes. Die Menschen kamen zusammen, um gemeinsam zu essen, zu feiern, sich auszutauschen und sich gegenseitig zu unterstützen. Das Freundschaftshaus wurde zu einem Symbol der Einheit und Solidarität. Das Dorf Sonnenheim erholte sich nicht nur von den Folgen des Sturms, sondern wurde zu einem Ort, der für seine starke Gemeinschaft und die Kraft der Freundschaft bekannt war. Die Freundschaft zwischen Emma und Lucas inspirierte die anderen, zusammenzuarbeiten und füreinander da zu sein.

Jahre vergingen, und die Freunde wurden älter, aber ihre Freundschaft blieb unerschütterlich. Sie wurden zu Vorbildern für die nachfolgenden Generationen, die die Bedeutung der Freundschaft und des Zusammenhalts im Dorf Sonnenheim weiterlebten. Eines Tages, als sie beide schon graue Haare hatten und auf einer Bank unter dem Schatten eines Baumes saßen, blickte Emma zu Lucas und sagte: "Weißt du, Lucas, die Kraft der Freundschaft hat nicht nur unser Leben bereichert, sondern auch das Leben unseres Dorfes. Wir haben so viel erreicht, weil wir immer füreinander da waren und uns gegenseitig unterstützt haben." Lucas lächelte und antwortete: "Ja, Emma, unsere Freundschaft hat unser Leben mit Bedeutung erfüllt und uns die Kraft gegeben, gemeinsam Wunder zu vollbringen. Ich bin dankbar für jede Minute, die wir miteinander verbracht haben."

Und so saßen sie da, umgeben von der Schönheit ihrer Heimat und der Erinnerung an all die Abenteuer, die sie gemeinsam erlebt hatten. Ihre Freundschaft war wie ein Leuchtturm, der durch die Höhen und

Tiefen des Lebens führte und den Weg für viele andere Menschen erleuchtete.

Die Geschichte von Emma und Lucas wurde von Generation zu Generation weitergegeben, und die Lehre der Kraft der Freundschaft wurde im Dorf Sonnenheim nie vergessen.

*"Die Freundschaft ist wie ein kostbares Juwel, das im Laufe der Zeit nicht verblasst, sondern immer mehr an Wert gewinnt." - Unbekannter Philosoph*

## Die Weisheit der Natur

In einem abgelegenen Tal, umgeben von majestätischen Bergen und grünen Wäldern, lebte eine alte Frau namens Ayla. Ayla war bekannt für ihre Weisheit und ihre tiefe Verbundenheit mit der Natur. Seit vielen Jahrzehnten lebte sie in Einklang mit den Elementen und lernte von den Tieren und Pflanzen, die ihr umgaben. Eines Tages kam ein junger Mann namens Kai in das Tal. Er war ein Stadtbewohner, der sich nach Ruhe und Inspiration sehnte. Sein Leben in der hektischen Metropole hatte ihn müde und entfremdet von der Natur gemacht. Als er von der weisen Frau hörte, beschloss er, sie aufzusuchen, um ihre Geheimnisse zu erfahren.

Als Kai Ayla fand, saß sie unter einem alten Baum, umgeben von duftenden Blumen und summenden Bienen. Ihr friedliches Lächeln hieß ihn willkommen. Kai war fasziniert von der Schönheit und Ruhe des Ortes. Er fragte Ayla: "Wie hast du diese tiefe Weisheit über die Natur erlangt?"

Ayla antwortete mit sanfter Stimme: "Ich habe mein Leben damit verbracht, die Sprache der Natur zu lernen. Die Bäume, die Tiere und die Pflanzen haben so viel zu lehren, wenn man bereit ist, zuzuhören und zu beobachten. Jeder Teil der Natur hat seine eigene Weisheit, die uns helfen kann, das Leben besser zu verstehen." Kai war neugierig und fragte: "Kannst du mir ein Beispiel für die Weisheit der Natur geben?" Ayla lächelte und zeigte auf einen kleinen Bach, der durch das Tal floss. "Schau dir den Bach an", sagte sie. "Er fließt ruhig und stetig, ohne jemals aufzugeben. Er weiß, dass er den Berg nicht auf einmal bezwingen kann, also sucht er sich den einfachsten Weg und meistert Hindernisse geduldig und beharrlich. Das ist eine wichtige Lektion für uns Menschen: Manchmal müssen wir unsere Ziele in kleinen Schritten erreichen und niemals die Geduld verlieren."

Kai betrachtete den Bach und verstand, was Ayla meinte. Die Natur sprach zu ihm auf eine Weise, die er in der Stadt nie erfahren hätte. Er beschloss, mehr Zeit im Tal zu verbringen, um von Ayla zu lernen und sich mit der Natur zu verbinden. In den folgenden Wochen verbrachte Kai viel Zeit damit, die Weisheit der Natur zu erforschen. Er lernte von den Bienen, wie wichtig es ist, gemeinsam für das Wohl der Gemeinschaft zu arbeiten, und von den Vögeln, wie man frei und unbeschwert durch das Leben fliegt. Er lernte von den Bäumen, wie man standhaft bleibt und von den Jahreszeiten, wie sich alles im Leben verändert. Eines Tages, als Kai unter einem Baum saß und den Gesängen der Vögel lauschte, spürte er eine tiefe innere Ruhe. Er hatte das Gefühl, dass er einen Teil von sich selbst wiedergefunden hatte, den er in der Hektik der Stadt verloren hatte. Die Weisheit der Natur hatte sein Herz berührt und ihm geholfen, seinen eigenen Weg zu finden.

Als er Ayla davon erzählte, lächelte sie stolz. "Die Natur hat eine erstaunliche Art, uns zu heilen und zu lehren", sagte sie. "Sie ist eine Quelle der Weisheit, die uns hilft, unsere Wurzeln zu stärken und uns mit allem Leben zu verbinden." Kai entschied sich, im Tal zu bleiben und sein Wissen über die Natur mit anderen zu teilen. Er wurde zu einem Lehrer und Führer für diejenigen, die auch nach Ruhe, Inspiration und innerer Harmonie suchten. So wurde das Tal zu einem Ort der Weisheit, an dem die Menschen die Kraft der Natur spürten und lernten, im Einklang mit sich selbst und der Umwelt zu leben. Die Weisheit der Natur wurde von Generation zu Generation weitergegeben, und das Tal blieb ein Ort der Ruhe und der Verbundenheit mit allem Leben.

Und inmitten all der Schönheit und des Friedens saß die weise Frau Ayla unter ihrem alten Baum, weiterhin von den Elementen und der Schönheit der Natur inspiriert. Ihre Weisheit lebte in den Herzen der Menschen weiter, und ihre Verbindung zur Natur war unendlich.

*"Die Natur ist die größte Quelle der Weisheit. Wer ihre Botschaften versteht, wird nicht nur die Geheimnisse des Universums enthüllen, sondern auch die verborgenen Wahrheiten in seinem eigenen Herzen finden." - Ralph Waldo Emerson*

## Die Reise der Selbstfindung

Es war einmal ein junger Mann namens Alex, der sich in einer Phase seines Lebens befand, in der er sich verloren fühlte. Er hatte einen guten Job, ein schönes Zuhause und liebevolle Freunde, aber dennoch spürte er eine innere Leere. Er wusste nicht, was er wirklich im Leben wollte und fühlte sich, als ob er seinen wahren Zweck noch nicht gefunden hatte.

Eines Abends, als er am Fenster saß und in den klaren Nachthimmel blickte, verspürte Alex einen plötzlichen Impuls, sich auf eine Reise der Selbstfindung zu begeben. Er beschloss, alles hinter sich zu lassen und die Welt zu erkunden, um seinen inneren Kompass wiederzufinden.

Ohne einen genauen Plan verabschiedete er sich von seinen Freunden und seiner Familie und begann seine Reise. Seine erste Station war ein abgelegenes Kloster hoch in den Bergen. Dort hoffte er, Ruhe und Erleuchtung zu finden. Im Kloster wurde Alex von den Mönchen herzlich empfangen. Sie lebten ein einfaches Leben und widmeten sich der Meditation und Konzentration. Alex lernte von ihnen, wie man seinen Geist beruhigt und seinen inneren Frieden findet. Er erfuhr, dass die Antworten, nach denen er suchte, bereits in ihm selbst lagen und dass er lernen musste, auf seine innere Stimme zu hören. Nach einiger Zeit verließ er das Kloster und setzte seine Reise fort. Er durchstreifte Wälder, erkundete einsame Strände und lernte Menschen aus verschiedenen Kulturen kennen. Überall begegnete er inspirierenden Geschichten und Weisheiten, die sein Herz berührten. In einer kleinen Stadt traf er eine alte Dame namens Clara, die für ihre Weisheit und ihre Geschichten bekannt war. Sie lud ihn in ihr gemütliches Haus ein und erzählte ihm von ihren eigenen Erfahrungen auf der Reise der Selbstfindung. "Die Reise zu sich selbst ist wie das Erklimmen eines Berges", sagte sie. "Es gibt Höhen und Tiefen, aber du wirst immer mehr über dich selbst erfahren, je höher du steigst. Es ist wichtig, Geduld zu haben und nicht aufzugeben, wenn es schwierig wird. Die Belohnung für diese Reise ist ein tiefes Verständnis für sich selbst und das Leben."

Alex hörte aufmerksam zu und fühlte sich durch ihre Worte ermutigt.

Clara bot ihm an, für eine Weile bei ihr zu bleiben, und er willigte ein. In den nächsten Wochen verbrachte er viel Zeit mit ihr und lernte von ihrer Lebensweisheit. Sie half ihm, seine Gedanken zu ordnen und seine Gefühle zu verstehen. Eines Tages fühlte Alex, dass er bereit war, wieder weiterzureisen. Clara gab ihm einen alten Kompass als Geschenk und sagte: "Dieser Kompass wird dir auf deiner Reise helfen. Aber denke daran, dass die wertvollsten Entdeckungen nicht immer in der äußeren Welt liegen, sondern tief in deinem Herzen." Alex bedankte sich herzlich bei Clara und machte sich mit dem Kompass in der Hand auf den Weg. Er wusste, dass er vielleicht nicht alle Antworten finden würde, die er suchte, aber er war zuversichtlich, dass seine Reise der Selbstfindung ihn näher zu sich selbst bringen würde. Während er durch Wüsten und über Gebirge reiste, fand Alex Stärke in der Einsamkeit und Entschlossenheit. Er erkannte, dass die Suche nach sich selbst eine lebenslange Reise war und dass die Antwort auf seine Fragen nicht in einem einzigen Moment zu finden war, sondern in der Summe aller Erfahrungen und Erkenntnisse. Schließlich kehrte Alex in seine Heimat zurück, aber er war nicht mehr derselbe Mann wie zuvor. Er hatte eine innere Ruhe und Gelassenheit gefunden, die ihn durch die Herausforderungen des Lebens führte. Er wusste nun, dass die Reise der Selbstfindung niemals wirklich endete, sondern ein kontinuierlicher Prozess war, der ihn sein ganzes Leben lang begleiten würde. Als er sich wieder mit seinen Freunden und seiner Familie traf, bemerkten sie die Veränderung in ihm. Er strahlte eine tiefe Zufriedenheit aus, die andere anzog und inspirierte. Sie fragten ihn, was er auf seiner Reise gelernt hatte, und er antwortete: "Ich habe gelernt, dass das Leben eine wunderbare Reise der Selbstentdeckung ist. Wenn wir den Mut haben, uns auf diese Reise einzulassen, werden wir die schönsten Schätze in uns selbst finden."

*"Die größte Entdeckung, die ein Mensch machen kann, ist die Entdeckung seiner selbst. Dies ist der Schlüssel zur Selbsterkenntnis und zur Erfüllung eines sinnvollen Lebens." – Socrates*

## Das Geheimnis der inneren Balance

In einem kleinen Dorf, umgeben von üppigen Wäldern und sanften Hügeln, lebte eine weise Frau namens Isabella. Sie war bekannt für ihre innere Ruhe und Gelassenheit, die selbst in den turbulentesten Zeiten nicht zu erschüttern schien. Die Menschen aus dem Dorf kamen zu ihr, um Rat zu suchen und von ihrer Weisheit zu lernen. Eines Tages kam ein gestresster und unruhiger junger Mann namens Ben zu Isabella und bat um ihre Hilfe. Er fühlte sich von den Herausforderungen des Lebens überwältigt und wusste nicht, wie er die innere Balance wiederfinden sollte. Isabella lächelte sanft und lud ihn ein, mit ihr in den Wald zu gehen, wo sie ihre Geheimnisse der inneren Balance teilen wollte.

Während sie durch den Wald spazierten, umarmte die Natur sie mit ihrer Schönheit und Stille. Isabella begann zu sprechen: "Die innere Balance ist wie das Gleichgewicht in der Natur. Jedes Element hat seine Rolle und seine Zeit. Wenn wir lernen, im Einklang mit der Natur zu leben, können wir auch unsere innere Balance finden." Ben fragte neugierig: "Aber wie kann ich das in meinem Alltag umsetzen?" Isabella antwortete: "Zuerst musst du lernen, im Hier und Jetzt zu sein. Oft sind unsere Gedanken in der Vergangenheit oder der Zukunft verankert, und das stört unsere innere Ruhe. Wenn du achtsam bist und die Schönheit der Gegenwart wahrnimmst, wirst du mehr Gelassenheit finden."

Sie gingen weiter und kamen zu einem ruhigen See. Isabella zeigte auf das Wasser und sagte: "Schau dir das Wasser an. Es ist ruhig und klar. Aber wenn der Wind weht, werden die Wellen unruhig. So ist es auch mit unseren Gedanken und Emotionen. Wenn du es zulässt, dass äußere Einflüsse deine innere Ruhe stören, wirst du aus der Balance geraten. Lerne, deine Emotionen zu beobachten, ohne von ihnen mitgerissen zu werden."

Ben lauschte aufmerksam und fragte: "Aber wie kann ich das lernen?"

Isabella lächelte und antwortete: "Meditation kann dir dabei helfen. Nimm dir Zeit für dich selbst, setze dich an einen ruhigen Ort und konzentriere dich auf deinen Atem. Wenn Gedanken auftauchen, lass sie kommen und gehen, ohne an ihnen festzuhalten. Mit der Zeit wirst du lernen, deine Gedanken und Emotionen zu beobachten, ohne von ihnen beherrscht zu werden." Sie setzten ihre Wanderung fort und kamen zu einem alten Baum, der fest in den Boden verwurzelt war. Isabella zeigte auf den Baum und sagte: "Sieh dir diesen Baum an. Er bleibt stark und standhaft, weil er tief verwurzelt ist. So ist es auch mit uns. Wenn wir unsere Wurzeln in uns selbst finden und unsere Werte und Überzeugungen kennen, können wir den Stürmen des Lebens besser trotzen."

Ben spürte, wie ihre Worte einen tiefen Respekt in ihm weckten. Er wusste, dass er auf dem richtigen Weg war, um seine innere Balance zu finden. Isabella fuhr fort: "Die innere Balance kommt auch durch die Fähigkeit, loszulassen. Es gibt Dinge, die du nicht kontrollieren kannst, und es ist wichtig, zu akzeptieren, dass das Leben manchmal unvorhersehbar ist. Lerne, mit Veränderungen umzugehen, und finde Frieden in der Akzeptanz."

Nachdem sie den Wald durchstreift hatten, kehrten sie ins Dorf zurück. Ben fühlte sich ruhiger und hoffnungsvoller als je zuvor. Er dankte Isabella für ihre Weisheit und fragte sie: "Was ist das größte Geheimnis der inneren Balance?" Isabella lächelte liebevoll und sagte: "Das größte Geheimnis ist, dass die innere Balance bereits in dir ist. Du musst sie nicht im Außen suchen, sondern du trägst sie in deinem Herzen. Es ist eine Reise zu dir selbst, um das wahre Glück und die innere Harmonie zu finden."

Ben verabschiedete sich von Isabella und machte sich auf den Weg nach Hause. Er fühlte, dass er eine wertvolle Lektion gelernt hatte und dass seine Reise der inneren Balance gerade erst begonnen hatte. Er wusste, dass es nicht immer einfach sein würde, aber er war zuversichtlich, dass er mit Isabellas Weisheit und seinem eigenen inneren Kompass den Weg finden würde. Und so begann seine Reise, sein Gleichgewicht in der Schönheit des Lebens zu finden.

*"Die innere Balance ist wie der Tanz der Natur, eine Symbiose aus Achtsamkeit, Gelassenheit und Selbstkenntnis." - Unbekannter Philosoph*

## Die Blume der Dankbarkeit

In einem malerischen Dorf, umgeben von blühenden Wiesen und duftenden Gärten, lebte ein kleines Mädchen namens Lina. Lina war bekannt für ihre Freundlichkeit und ihre Fähigkeit, Schönheit und Freude in den einfachsten Dingen zu entdecken. Jeden Tag machte sie Spaziergänge durch die Natur und bewunderte die Blumen und Tiere, die ihr Dorf bevölkerten.

Eines Tages entdeckte Lina eine geheimnisvolle Lichtung am Rande des Dorfes. Inmitten eines dichten Blumenmeers stand eine außergewöhnliche Blume von unvergleichlicher Schönheit. Sie hatte strahlend weiße Blütenblätter mit zarten rosa Verzierungen, die wie Pinselstriche eines Künstlers wirkten. Fasziniert trat Lina näher heran. Plötzlich hörte sie eine leise, sanfte Stimme: "Willkommen, Lina. Du bist eine wundervolle Entdeckerin." Lina schaute sich um, konnte aber niemanden sehen. "Wer spricht da?", fragte sie. Die Stimme antwortete: "Es ist die Blume der Dankbarkeit, die zu dir spricht. Ich bin die Verkörperung der Dankbarkeit, die in dieser Welt existiert. Ich kann nur von denen gesehen werden, die ihre Herzen für die Schönheit des Lebens geöffnet haben."

Lina war verblüfft und fasziniert zugleich. Sie wusste nicht, was sie sagen sollte, aber ihre Neugier trieb sie dazu, zu fragen: "Warum bist du hier? Und wie kann ich dich sehen?" Die Blume antwortete: "Ich bin hier, um den Menschen die Bedeutung der Dankbarkeit zu zeigen. Viele Menschen sind so in ihrem Alltagstrott gefangen, dass sie die kleinen Wunder und Geschenke des Lebens übersehen. Die Dankbarkeit öffnet die Herzen und lässt uns die Schönheit und Fülle um uns herum erkennen." "Und wie kann ich dich sehen?", fragte Lina erneut. Die Blume antwortete: "Um mich zu sehen, musst du dein Herz mit Dankbarkeit füllen. Du musst den Moment schätzen und die Liebe und Schönheit um dich herum wahrnehmen. Dankbarkeit ist wie ein magischer Schlüssel, der dir den Zugang zu meinem Geheimnis ermöglicht."

Lina dachte einen Moment nach und erinnerte sich an all die wunderbaren Dinge, die sie in ihrem Leben hatte. Die liebevolle Familie, die wertvollen Freunde, die Natur um sie herum und die kleinen Freuden des Alltags. Sie spürte, wie ihr Herz sich mit Dankbarkeit füllte, und plötzlich konnte sie die wahre Schönheit der Blume sehen. Die Blume der Dankbarkeit lächelte und sagte: "Du hast das Geheimnis erkannt, Lina. Die Dankbarkeit öffnet deine Augen für die Schönheit, die du um dich herum hast. Sie erinnert dich daran, dass das Leben ein Geschenk ist und dass jeder Moment etwas Besonderes ist."

"Danke", flüsterte Lina, "danke, dass du mir diese Lektion gezeigt hast."

Die Blume nickte zärtlich und antwortete: "Du bist willkommen, Lina. Trage diese Lektion in dein Herz und teile sie mit anderen. Die Welt braucht mehr Dankbarkeit und Wertschätzung für das Leben. Die Blume der Dankbarkeit wird immer bei dir sein, um dich daran zu erinnern." Lina versprach, die Botschaft der Dankbarkeit zu verbreiten. Sie besuchte die Lichtung regelmäßig und fand darin eine Quelle der Inspiration und des Trostes. Sie lernte, dass die Dankbarkeit nicht nur die Augen öffnet, sondern auch das Herz und die Seele berührt. Mit der Zeit verbreitete sich die Botschaft der Dankbarkeit im Dorf. Die Menschen begannen, die kleinen Wunder des Lebens zu schätzen und sich an den Geschenken der Natur zu erfreuen. Die Blume der Dankbarkeit blühte und strahlte immer heller, während ihre Botschaft immer weitergetragen wurde.

Lina wusste, dass sie ein Geschenk gefunden hatte, das sie für immer in ihrem Herzen tragen würde. Die Blume der Dankbarkeit hatte ihr gezeigt, dass das Leben wertvoll und reich ist, wenn man es mit Dankbarkeit betrachtet. Und so lebte sie ihr Leben

# Lebensfreude

voller Freude und Dankbarkeit und erinnerte sich immer an das Geheimnis, das sie auf der Lichtung entdeckt hatte.

*"Dankbarkeit ist das schönste
Gewand, das wir tragen können,
um die Schönheit des Lebens zu
erkennen." - Unbekannter
Philosoph*

## Die Reise der Selbstdisziplin

In einer belebten Stadt lebte ein junger Mann namens David. Er hatte  Träume und Ziele, aber oft fand er sich von Ablenkungen und Versuchungen abgelenkt. David wusste, dass er Selbstdisziplin brauchte, um seine Ziele zu erreichen, aber es fiel ihm schwer, seine schlechten Gewohnheiten zu überwinden. Eines Tages traf David einen weisen alten Mann namens Samuel. Samuel war bekannt für seine Selbstdisziplin und seine Fähigkeit, Ziele zu erreichen, die andere für unerreichbar hielten. David war fasziniert von der Beharrlichkeit und Stärke, die der alte Mann ausstrahlte, und beschloss, ihn um Rat zu fragen. Als er Samuel traf, fragte David: "Wie schaffen Sie es, so diszipliniert zu sein? Ich habe Schwierigkeiten, meine Ziele zu verfolgen und meine schlechten Gewohnheiten zu überwinden."
Samuel lächelte und antwortete: "Selbstdisziplin ist wie ein Muskel. Je mehr du ihn trainierst, desto stärker wird er. Es ist keine magische Eigenschaft, die man einfach hat. Es ist eine Fähigkeit, die du entwickeln und aufbauen musst."
David fragte: "Aber wie kann ich meine Selbstdisziplin trainieren?"
Samuel sagte: "Es ist ein schrittweiser Prozess. Setze klare Ziele für dich und teile sie in kleine, erreichbare

Schritte auf. Belohne dich selbst, wenn du diese Schritte erfolgreich abschließt. Und vor allem, sei geduldig mit dir selbst. Es ist normal, dass du manchmal scheiterst, aber lerne aus deinen Fehlern und gehe weiter." David begann, die Ratschläge von Samuel zu befolgen. Er schrieb seine Ziele auf und entwickelte einen Plan, um sie zu erreichen. Er konzentrierte sich auf seine Prioritäten und ignorierte Ablenkungen, die ihn von seinem Weg abbringen wollten. Wenn er Rückschläge hatte, ließ er sich nicht entmutigen, sondern erinnerte sich daran, dass Selbstbeherrschung Zeit und Übung braucht.

Mit der Zeit bemerkte David eine Veränderung in sich selbst. Seine Selbstdisziplin wurde stärker, und er fand es einfacher, seine schlechten Gewohnheiten zu überwinden. Er war erstaunt darüber, wie viel er erreichen konnte, wenn er sich auf seine Ziele konzentrierte und diszipliniert blieb.

Samuel war stolz auf David und erkannte das Potenzial in ihm. Er lud David ein, ihn auf eine Reise durch die Berge zu begleiten. "Diese Reise wird dich auf die Probe stellen", sagte Samuel, "aber sie wird dir auch helfen, deine Selbstdisziplin weiter zu stärken."

David nahm die Einladung an und begleitete Samuel auf der Reise. Die Berge waren anspruchsvoll und die Herausforderungen groß, aber David blieb

entschlossen und beharrlich. Er fand Kraft in der Selbstdisziplin, die er entwickelt hatte, und er lernte, dass er auch in schwierigen Zeiten standhaft bleiben konnte. Am Ende der Reise standen David und Samuel auf einem Gipfel und blickten auf das beeindruckende Panorama. Samuel lächelte und sagte: "Du hast es geschafft, David. Du hast gezeigt, dass Selbstdisziplin der Schlüssel zum Erfolg ist. Es gibt nichts, was du nicht erreichen kannst, wenn du dich darauf konzentrierst und diszipliniert bleibst."
David war erfüllt von einem Gefühl der Dankbarkeit und des Stolzes. Er wusste, dass er auf seiner Reise der Selbstdisziplin noch weiter gehen konnte und dass dies nur der Anfang seiner Erfolge war. Er dankte Samuel für seine Weisheit und Führung und versprach, die Lehren der Selbstdisziplin sein Leben lang in Ehren zu halten.

Von diesem Tag an setzte David seine Reise fort, immer vorwärts, immer fokussiert und diszipliniert. Er erreichte seine Ziele und erfüllte seine Träume, und sein Leben wurde zu einem Beispiel für die Kraft der Selbstdisziplin. Und so erkannte David, dass das Geheimnis seines Erfolges in ihm selbst lag - in der Stärke seiner Selbstdisziplin und in der Entschlossenheit, niemals aufzugeben.

"Selbstdisziplin ist die Brücke
zwischen Zielen und Erfolgen.
Sie formt Träume zu Realität und
verwandelt Gewohnheiten in
Tugenden." – Jim Rohn

## Die Magie der Selbstreflexion

In einem zauberhaften Wald, der von geheimnisvollen Nebelschwaden umgeben war, lebte ein junger Zauberer namens Leo. Leo hatte schon früh gelernt, mächtige Zauber anzuwenden, aber trotz seiner Fähigkeiten fühlte er sich oft unruhig und unzufrieden. Er wusste, dass er seine magischen Kräfte nutzen konnte, um anderen zu helfen, aber er hatte das Gefühl, dass er selbst noch viel zu lernen hatte. Eines Tages traf Leo eine weise Eule namens Aurora, die für ihre kluge Beratung bekannt war. Sie erkannte, dass Leo eine Suche nach seiner wahren Bestimmung durchmachte, und lud ihn ein, ihre Höhle zu besuchen, um über seine Gefühle zu sprechen.

Als Leo in Auroras Höhle saß, fragte sie ihn sanft: "Was beschäftigt dein Herz, junger Zauberer?" Leo zögerte, aber schließlich teilte er seine Zweifel und Unzufriedenheit mit. Er erzählte Aurora von seinem Wunsch, seine magischen Fähigkeiten weiterzuentwickeln und anderen zu helfen, aber auch von seinen Unsicherheiten und Ängsten. Aurora lächelte und sagte: "Die Magie der Selbstreflexion ist der Schlüssel, den du brauchst, um deine Zweifel zu überwinden und deine wahre Bestimmung zu finden.

Schau in dich selbst und entdecke, wer du wirklich bist und was dein Herz erfüllt."

Leo fragte: "Wie mache ich das? Wie kann ich mich selbst reflektieren?"

Aurora antwortete: "Finde Zeit und Raum für dich selbst, fernab von Ablenkungen. Setze dich in Stille und lass deine Gedanken und Gefühle zu. Frage dich selbst, was du wirklich möchtest und was dir wichtig ist. Höre auf dein Herz und folge deiner inneren Stimme." Leo nahm sich Auroras Worte zu Herzen und begann, sich jeden Tag Zeit für die Selbstreflexion zu nehmen. Er meditierte, schrieb in sein Tagebuch und stellte sich selbst tiefgründige Fragen. Er erkannte, dass er oft von den Erwartungen anderer beeinflusst wurde und sich selbst zu wenig Aufmerksamkeit schenkte. Mit der Zeit fühlte Leo, wie sich eine innere Klarheit in ihm ausbreitete. Er verstand, dass seine wahren Wünsche darin bestanden, sein Wissen zu vertiefen und seine magischen Fähigkeiten weiterzuentwickeln, um anderen zu dienen. Er spürte, dass er mehr über die Natur der Magie lernen und wie sie für das Wohl der Menschen eingesetzt werden konnte.

Eines Tages, als Leo wieder in Auroras Höhle saß, strahlte sein Gesicht vor Begeisterung. "Ich habe es gefunden, Aurora!", rief er. "Meine wahre Bestimmung ist es, meine magischen Kräfte zu nutzen, um anderen zu helfen und die Welt zu einem besseren Ort zu machen."

Aurora lächelte stolz und sagte: "Die Magie der Selbstreflexion hat dich zu deiner wahren Bestimmung geführt, Leo. Nun weißt du, wer du wirklich bist und was dein Herz erfüllt. Nutze deine Fähigkeiten weise und mit Mitgefühl, und du wirst eine Kraft des Guten in dieser Welt sein." Leo dankte Aurora für ihre Weisheit und begab sich mit neuem Selbstvertrauen auf seinen Weg. Er widmete sich nun intensiv dem Studium der Magie und vertiefte seine Verbindung zur Natur und ihren Elementen. Mit der Zeit wurde Leo zu einem mächtigen Zauberer, der die Magie für das Wohl der Menschen und der Natur einsetzte. Er half den Schwachen und Unterdrückten, heilte die Kranken und beschützte die Tiere und Pflanzen des Waldes.

Leo erkannte, dass die wahre Magie nicht nur in seinen Zauberkräften lag, sondern auch in seiner Fähigkeit zur Selbstreflexion. Die Magie der Selbstreflexion hatte ihm geholfen, seine innere Stärke und seine wahre Bestimmung zu entdecken.

Von diesem Tag an wurde die Selbstreflexion zu einer magischen Praxis für alle Zauberer des Waldes. Sie erkannten, dass sie sich selbst besser verstehen und ihre Kräfte sinnvoller einsetzen konnten, wenn sie sich Zeit für die Selbstreflexion nahmen. Und so blieb Leo nicht nur als mächtiger Zauberer in Erinnerung, sondern auch als der Zauberer, der die Magie der Selbstreflexion in die Welt gebracht hatte - eine Magie, die den Menschen half, ihre wahren Bestimmungen zu finden und ihre Herzen zu erfüllen.

*"Die Selbstreflexion ist der Spiegel, in dem wir unsere Seele betrachten können." - Elisabeth Lukas*

## Die Kraft der Affirmationen

Es war einmal ein kleines Dorf, in dem die Menschen jeden Tag vor Herausforderungen standen. Sie kämpften mit Zweifeln, Ängsten und Selbstzweifeln. Eines Tages kam ein mysteriöser Fremder in das Dorf. Er war ein weiser Mann, der umherzog und den Menschen half, ihre inneren Konflikte zu überwinden. Der Fremde hieß Kaleb und trug einen langen, grauen Umhang. Er ging von Haus zu Haus und hörte sich die Sorgen und Nöte der Dorfbewohner an. Als er die Tränen einer verzweifelten jungen Frau namens Lena sah, nahm er ihre Hand und sagte: "Fürchte dich nicht, denn in dir ruht eine unglaubliche Kraft. Du hast die Macht, deine Ängste zu besiegen und deine Träume zu verwirklichen."

Lena war skeptisch, aber Kaleb überreichte ihr ein kleines Buch. "Das sind Affirmationen", erklärte er. "Wiederhole sie jeden Tag, und du wirst sehen, wie sich dein Leben verändert." Lena begann, die Affirmationen jeden Morgen und jeden Abend zu wiederholen. Anfangs fühlte sie sich merkwürdig, als sie vor dem Spiegel stand und sagte: "Ich bin stark und mutig. Ich kann alles erreichen, was ich mir vornehme." Doch mit der Zeit spürte sie, wie ihre Unsicherheit schwächer wurde und ihre Zuversicht wuchs. Das Gerede über die Affirmationen verbreitete sich schnell im Dorf, und bald waren die Dorfbewohner neugierig darauf, was diese Worte bewirken könnten. Ein alter Holzfäller namens Johann probierte es ebenfalls aus. Er hatte sein Leben lang das Gefühl, nicht gut genug zu sein. Doch als er begann, sich selbst zu sagen: "Ich bin wertvoll und liebevoll. Ich verdiene Glück und Erfolg", spürte er, wie eine Last von seinen Schultern fiel.

Mit der Zeit merkten die Menschen, wie die Kraft der Affirmationen ihre Einstellung und ihr Verhalten veränderte. Die junge Bäckerin Sarah, die sich immer Sorgen machte, dass ihre Torten nicht gut genug waren, begann zu sagen: "Meine Torten sind köstlich und werden von allen geliebt." Bald darauf florierte ihr Geschäft, und die Leute strömten von weit her, um ihre leckeren Kreationen zu probieren. Der Dorfälteste, Herr Andersen, war anfangs skeptisch gegenüber den Affirmationen. Doch als er anfing, sich selbst zu sagen: "Ich bin weise und erfahren. Meine Ratschläge sind wertvoll", spürte er eine neue Energie und Klarheit in seinen Entscheidungen. Die Kraft der Affirmationen wirkte sich nicht nur auf die Einzelpersonen aus, sondern auch auf das gesamte Dorf. Die Menschen begannen, sich gegenseitig zu ermutigen und zu unterstützen. Statt sich gegenseitig herunterzuziehen, wurden sie zu einer Gemeinschaft voller positiver Energie.

Und so wurde das Dorf zu einem Ort der Stärke, des Selbstvertrauens und der Gelassenheit. Die Dorfbewohner hatten gelernt, dass sie die Macht hatten, ihr Leben zu gestalten und ihre Träume zu verwirklichen. Kaleb, der weise Fremde, verließ das Dorf mit einem Lächeln. Er wusste, dass die Menschen nun die Werkzeuge hatten, um selbst ihre inneren Konflikte zu überwinden.

Die Geschichte von der Kraft der Affirmationen wurde von Generation zu Generation weitergegeben, und das Dorf blühte weiterhin in positiver Energie und Selbstvertrauen. Denn sie hatten erkannt, dass die wahre Stärke im Glauben an sich selbst lag und dass die Worte, die sie aussprachen, ihr Schicksal formten.

*"Was du denkst, das wirst du.*
*Was du fühlst, das ziehst du an.*
*Was du dir vorstellst, das wirst*
*du haben." - Buddha*

## Die Reise des Selbstvertrauens

In einem fernen Land, umgeben von majestätischen Bergen und grünen Tälern, lebte ein junger Mann namens David. Er hatte viele Träume und Ziele, aber sein Selbstvertrauen war wie ein zartes Pflänzchen, das von Selbstzweifeln und Unsicherheit bedroht wurde. Jedes Mal, wenn er einen Schritt in Richtung seiner Träume machen wollte, fühlte er sich von der Angst gelähmt. Eines Tages hörte David von einer geheimnisvollen Reise, die Menschen dabei half, ihr Selbstvertrauen zu stärken und ihre Ängste zu überwinden. Diese Reise wurde "Die Reise des Selbstvertrauens" genannt und sollte in einem verborgenen Tal stattfinden, das von einem alten, weisen Lehrer namens Meister Lee geführt wurde. Obwohl David sich unsicher fühlte, spürte er tief in sich den Ruf nach Veränderung und beschloss, sich auf die Reise zu begeben. Er machte sich auf den Weg zum verborgenen Tal, wo die Legende von Meister Lee und der Reise des Selbstvertrauens ihre Wurzeln hatten. Als David das Tal erreichte, erwartete ihn eine friedliche Oase der Ruhe. Meister Lee empfing ihn mit einem warmen Lächeln und sagte: "Willkommen, junger Mann. Du bist hier, um das kostbare Geschenk des Selbstvertrauens zu entdecken."

Die Reise begann mit einer tiefen Selbstreflexion. Meister Lee führte David durch eine Meditation, die ihm half, seine inneren Ängste und Unsicherheiten zu erkennen. David sah die Mauern, die er in seinem eigenen Geist errichtet hatte, und erkannte, dass es Zeit war, sie einzureißen und sich seiner Träume ohne Angst zu stellen. In den kommenden Wochen lernte David verschiedene Techniken, um sein Selbstvertrauen zu stärken. Meister Lee lehrte ihm, wie er positive Affirmationen nutzen konnte, um die negativen Gedanken zu überwinden, die ihn zurückhielten. David übte auch Achtsamkeitsübungen, die ihm halfen, im gegenwärtigen Moment zu leben und nicht von Sorgen um die Zukunft oder Bedauern über die Vergangenheit geplagt zu werden. Während der Reise traf David auch auf andere Menschen, die ebenfalls ihre eigenen inneren Kämpfe hatten. Sie bildeten eine Gemeinschaft des gegenseitigen Verständnisses und der Unterstützung, die einander half, ihre Ängste zu überwinden und ihr Selbstvertrauen zu stärken. Eine besonders transformative Erfahrung hatte David, als er vor eine scheinbar unüberwindbare Aufgabe gestellt wurde. Er musste einen steilen Berg erklimmen, der scheinbar unerreichbar schien. Doch mit dem Rückhalt seiner neuen Freunde und den Lehren von

Meister Lee wagte David den Aufstieg. Schritt für Schritt kämpfte er sich den Berg hinauf, und jedes Mal, wenn er einen Zweifel hatte, erinnerte er sich an die positiven Affirmationen und die Ermutigung seiner Gemeinschaft. Als er schließlich den Gipfel erreichte, fühlte er ein Gefühl der Freude und des Triumphes. Er wusste, dass er jede Herausforderung meistern konnte, wenn er nur an sich selbst glaubte. Die Reise des Selbstvertrauens war nicht immer einfach, aber David lernte, dass Selbstvertrauen kein endgültiges Ziel ist, sondern eine Reise, die niemals endet. Es geht darum, sich selbst anzunehmen, mit Fehlern zu wachsen und sich den Ängsten zu stellen, die einen zurückhalten. Es geht darum, sich selbst zu erlauben, zu scheitern und dennoch weiterzumachen. Als David das Tal verließ und in sein Dorf zurückkehrte, spürte er eine tiefe Veränderung in sich. Sein Selbstvertrauen war gewachsen, und er war bereit, seine Träume zu verfolgen, ohne sich von Ängsten und Zweifeln aufhalten zu lassen.

Die Legende von Meister Lee und der Reise des Selbstvertrauens wurde in Davids Dorf bekannt, und viele Menschen entschieden sich, die Reise ebenfalls anzutreten. Mit der Zeit wurde das Tal zu einem Ort der Transformation, wo Menschen ihre innere Stärke entdeckten und mit neuem Selbstvertrauen ihre

Träume verwirklichten. Und so lebte die Geschichte von der Reise des Selbstvertrauens fort, als eine Erinnerung daran, dass jeder die Macht hat, sein Selbstvertrauen zu stärken und seine innere Stärke zu entdecken, um ein erfülltes und mutiges Leben zu führen.

*"Das Vertrauen in sich selbst ist der erste Schritt zum Erfolg. Wer an seine Fähigkeiten glaubt, öffnet Türen zu unendlichen Möglichkeiten." - Eleanor Roosevel*

## Die Kunst der Konzentration

In einer belebten Stadt, in der ständige Ablenkungen und Hektik herrschten, lebte ein junger Mann namens Ethan. Er war ein begabter Künstler, der von seinen Meisterwerken träumte. Doch seine Kreativität wurde oft durch die ständigen Ablenkungen in der lauten Stadt getrübt. Ethan erkannte, dass er die Kunst der Konzentration meistern musste, um sein volles künstlerisches Potenzial zu entfalten. Eines Tages hörte er von einem geheimnisvollen Mönch namens Meister Wu, der in einem abgelegenen Tempel weit außerhalb der Stadt lebte. Meister Wu war berühmt für seine Fähigkeit, sich vollständig auf eine Aufgabe zu konzentrieren und in einem Zustand reiner Präsenz zu sein.

Entschlossen, die Kunst der Konzentration zu erlernen, machte sich Ethan auf den Weg zum Tempel von Meister Wu. Der Weg dorthin führte ihn durch dichte Wälder und stille Seen, was ihm half, den Lärm der Stadt hinter sich zu lassen und in die Ruhe und Stille einzutauchen. Als er den Tempel erreichte, wurde Ethan von Meister Wu herzlich empfangen. Der Mönch strahlte eine innere Ruhe und Gelassenheit aus, die Ethan sofort beeindruckte. "Ich suche nach der Kunst der Konzentration", sagte Ethan dem Mönch, "Ich möchte meine Kreativität

**84**

entfesseln und mich von Ablenkungen befreien."
Meister Wu nickte verständnisvoll und führte Ethan in
den Meditationsraum des Tempels. Dort saßen sie
nebeneinander in der Stille und schlossen ihre Augen.
Meister Wu lehrte Ethan verschiedene
Atemtechniken, um seinen Geist zu beruhigen und
sich auf das Hier und Jetzt zu fokussieren. In den
folgenden Wochen unterwies Meister Wu Ethan in
den Grundlagen der Achtsamkeit und Konzentration.
Ethan lernte, seine Gedanken zu beobachten, ohne
sich von ihnen mitreißen zu lassen, und sich auf seine
Atmung zu konzentrieren, um im Moment präsent zu
sein. Die wahre Herausforderung kam jedoch, als
Ethan begann, seine künstlerische Arbeit im Tempel
fortzusetzen. Die Stille und Ruhe des Tempels waren
anders als das belebte Stadtleben, aber dennoch gab
es innere Unruhe und Gedanken, die ihn ablenkten.
Meister Wu erkannte Ethans Kampf und erklärte ihm,
dass die Kunst der Konzentration eine Übung sei, die
Zeit und Geduld erfordere. "Die Ablenkungen sind
wie die Wellen eines Ozeans", sagte Meister Wu.
"Lerne, inmitten der Wellen ruhig zu bleiben, und du
wirst die wahre Stärke der Konzentration entdecken."
Ethan übte weiterhin hartnäckig und blieb
konzentriert, auch wenn es schwierig war. Er nahm
sich Zeit, in der Natur zu meditieren und sich mit der
Schönheit der Umgebung zu verbinden. Er malte und

zeichnete mit einer neuen Präsenz und Leichtigkeit, die er zuvor noch nicht gekannt hatte. Mit der Zeit spürte Ethan, wie sich seine Fähigkeit zur Konzentration vertiefte. Die Ablenkungen wurden weniger störend, und er konnte sich besser auf seine künstlerische Arbeit konzentrieren. Seine Kreativität floss in einem stetigen Strom, und seine Meisterwerke begannen die Schönheit und Tiefe seiner eigenen Seele widerzuspiegeln. Eines Tages, als Ethan den Tempel verließ und zur Stadt zurückkehrte, fühlte er sich ruhig und erfüllt. Die lauten Geräusche und die Hektik der Stadt hatten ihren Schrecken verloren. Ethan hatte die Kunst der Konzentration gemeistert und wusste nun, dass er in der Lage war, sich inmitten der ständigen Ablenkungen zu fokussieren und sein kreatives Potenzial zu entfalten.

Von diesem Tag an fand Ethan die Kunst der Konzentration nicht nur in seiner künstlerischen Arbeit, sondern auch in anderen Aspekten seines Lebens anwendbar. Er konnte sich besser auf seine Beziehungen, seine Ziele und seine inneren Träume fokussieren. Und so lebte die Geschichte von Ethan und der Kunst der Konzentration fort, als eine Erinnerung daran, dass die wahre Stärke in der Fähigkeit liegt, im Hier und Jetzt zu leben und sich von den Ablenkungen des Lebens nicht ablenken zu lassen. Mit der Kunst der Konzentration konnte Ethan seine innere Ruhe finden und sein volles Potenzial als Künstler und als Mensch entfalten.

*"Die Kunst der Konzentration ist wie der Flug eines Adlers über die stürmischen Wellen des Ozeans - eine Fähigkeit, die innere Ruhe inmitten äußerer Turbulenzen findet." - Unbekannter Philosoph*

## Die Schönheit der Achtsamkeit

In einem malerischen Dorf, umgeben von grünen Hügeln und duftenden Blumenwiesen, lebte ein einfacher junger Mann namens Jonas. Er war immer in Eile, stets besorgt über die Zukunft und den Kopf voller Sorgen. Die Schönheit und die kleinen Freuden des Lebens gingen oft an ihm vorbei, ohne dass er sie wirklich wahrnahm. Eines Tages kam eine geheimnisvolle Wanderin namens Elara ins Dorf. Sie war eine weise Frau, die die Kunst der Achtsamkeit meisterte und die Schönheit der Welt in jedem Moment erkannte. Ihre ruhige Ausstrahlung und ihr sanftes Lächeln zogen die Menschen magisch an. Neugierig von Elaras Präsenz, beschloss Jonas, sie um Rat zu fragen. Er fand sie an einem stillen See, wo sie in die Weite blickte und voller Gelassenheit schien.

"Elara", begann Jonas zögerlich, "ich bin immer in Eile und gestresst. Ich habe das Gefühl, dass das Leben an mir vorbeizieht. Wie schaffe ich es, achtsamer zu sein und die Schönheit der Welt zu entdecken?" Elara sah Jonas mit einem warmen Lächeln an und sagte: "Die Achtsamkeit liegt in jedem von uns verborgen, wie ein Samenkorn, das darauf wartet, zu blühen. Es ist die Fähigkeit, den gegenwärtigen Moment bewusst und ohne Urteil wahrzunehmen. Komm, setz dich zu mir und atme tief ein." Jonas setzte sich neben Elara und schloss die Augen. Sie führte ihn durch eine einfache Atemübung und bat ihn, seine Sinne zu schärfen. Er hörte das Zwitschern der Vögel, spürte den sanften Wind auf seiner Haut und nahm den Duft der Blumen wahr.

"Der gegenwärtige Moment ist alles, was wir haben", sagte Elara sanft. "Die Vergangenheit ist bereits vorbei, und die Zukunft ist noch nicht gekommen. Wenn du dich auf das Hier und Jetzt konzentrierst, kannst du die Schönheit und die kleinen Wunder um dich herum entdecken." Jonas spürte, wie sich seine Anspannung langsam löste. Er öffnete die Augen und sah die Welt um sich herum mit neuen Augen. Die Farben schienen lebendiger, die Geräusche melodischer, und er fühlte sich mit der Natur verbunden.

In den nächsten Tagen übte Jonas die Achtsamkeit jeden Tag. Er begann, bewusst zu essen, die Konsistenz und den Geschmack jedes Bisses zu genießen. Er nahm sich Zeit, in der Natur zu spazieren und die Schönheit der Umgebung in vollen Zügen zu erfassen. Eines Tages setzte Jonas sich mit seinen Farben und einem leeren Blatt Papier auf eine Wiese. Er begann, die Natur um sich herum zu malen, ohne sich um das Ergebnis zu sorgen. Er ließ seine

Hand die Bewegungen führen und erkannte, dass er in einem Zustand reiner Präsenz war.

Die Dorfbewohner bemerkten die Veränderung in Jonas und fragten ihn nach seinem Geheimnis. Er erzählte ihnen von Elara und ihrer Lehre der Achtsamkeit. Bald darauf begannen auch sie, die Schönheit der kleinen Dinge in ihrem Leben zu schätzen und die Achtsamkeit in ihren Alltag zu integrieren. Die Nachricht von der Schönheit der Achtsamkeit verbreitete sich im Dorf und weit darüber hinaus. Die Menschen lernten, den gegenwärtigen Moment zu schätzen und die kleinen Freuden des Lebens zu entdecken. Mit der Zeit wurde das Dorf zu einem Ort der Gelassenheit und Harmonie. Jonas dankte Elara für ihre Weisheit und erklärte, dass sie sein Leben für immer verändert hatte. Elara lächelte und sagte: "Die Schönheit der Achtsamkeit war in dir. Ich habe sie nur geweckt. Nun ist es an der Zeit, sie weiterzugeben und die Welt um dich herum zu erhellen."

Und so lebte die Geschichte von Jonas und der Schönheit der Achtsamkeit fort, als eine Erinnerung daran, dass wir jeden Moment im Leben achtsam wahrnehmen und die Schönheit der Welt um uns herum entdecken können, wenn wir unser Herz öffnen und uns dem gegenwärtigen Moment hingeben.

*"Achtsamkeit ist der Schlüssel, der uns die Tür zur Gegenwart öffnet. Sie schenkt uns Klarheit, Verbindung und das kostbare Geschenk, bewusst im Hier und Jetzt zu leben." - Jon Kabat-Zinn*

## Die Freiheit des Loslassens

In einem abgelegenen Dorf, eingebettet zwischen sanften Hügeln und glitzernden Flüssen, lebte ein alter Mann namens Samuel. Er war weise und erfahren, und die Menschen im Dorf kamen zu ihm, um Rat und Trost zu suchen. Samuel war bekannt für seine Lehren über Gelassenheit und die Kunst des Loslassens. Eines Tages kam ein junger Mann namens Lucas zu Samuel. Er war ein talentierter Musiker, aber sein Herz war schwer von vergangenen Enttäuschungen und unerfüllten Träumen. "Meister Samuel", begann Lucas, "ich trage so viel Ballast aus meiner Vergangenheit mit mir herum. Wie kann ich die Last des Schmerzes loslassen und wieder frei sein, um meine Musik zu entfalten?" Samuel lächelte und sagte: "Die Freiheit des Loslassens ist ein Geschenk, das du dir selbst machen kannst. Die Vergangenheit ist wie ein Anker, der dich am Weitergehen hindert. Lerne, loszulassen, und du wirst die Leichtigkeit des Lebens wiederfinden."

Lucas war neugierig, aber auch skeptisch. "Aber wie kann ich loslassen, wenn der Schmerz so tief sitzt?" fragte er.

Samuel lud Lucas ein, mit ihm einen Spaziergang durch den Wald zu machen. Auf ihrem Weg kamen sie an einem kleinen Bach vorbei, der ruhig und gelassen floss. Samuel sagte: "Schau dir den Bach an, Lucas. Siehst du, wie er das Wasser unermüdlich fließen lässt? Er hält nicht an einem Ort fest, sondern lässt das Wasser frei und leicht weiterziehen. So solltest du mit deinen Gedanken und Emotionen umgehen." Lucas nickte, aber der Schmerz in ihm war immer noch spürbar. Samuel setzte sich auf einen Felsen am Ufer des Baches und lud Lucas ein, neben ihm Platz zu nehmen. "Schließe deine Augen und atme tief ein", sagte Samuel sanft. Lucas tat, wie ihm geheißen, und atmete tief ein und aus. Samuel führte ihn in eine meditative Übung, bei der er ihn anleitete, seine Gedanken und Gefühle wie vorbeiziehende Wolken am Himmel zu betrachten. Lucas spürte, wie er allmählich ruhiger wurde und sich von seinen Gedanken und Emotionen distanzierte. "Der Schmerz ist Teil des Lebens, aber du musst nicht daran festhalten", erklärte Samuel. "Lass ihn vorbeiziehen, wie die Wolken am Himmel.

Indem du ihn loslässt, schaffst du Raum für Neues und für das Wachstum."
Lucas spürte, wie sich eine Last von seinen Schultern hob, und Tränen der Befreiung stiegen in ihm auf. Er erkannte, dass das Loslassen nicht bedeutete, den Schmerz zu verleugnen, sondern ihm zu erlauben,

seinen Weg zu gehen und Platz für Heilung und Wachstum zu schaffen.

In den folgenden Wochen übte Lucas das Loslassen jeden Tag. Immer wenn die Erinnerungen an vergangene Enttäuschungen hochkamen, ließ er sie ziehen wie vorbeiziehende Wolken. Er fand Trost in seiner Musik und erlaubte sich, sich voll und ganz in den Moment der Kreativität hineinzuversetzen, ohne von der Vergangenheit belastet zu werden. Mit der Zeit entfaltete sich Lucas' Musik in einer Weise, die er sich nie hätte vorstellen können. Seine Melodien waren erfüllt von einer neuen Tiefe und Leichtigkeit, die die Herzen der Menschen berührten. Das Dorf bemerkte die Veränderung in Lucas und fragte ihn nach seinem Geheimnis. Er erzählte ihnen von der Weisheit von Meister Samuel und der Freiheit des Loslassens, die er entdeckt hatte. Die Botschaft der Freiheit des Loslassens verbreitete sich im Dorf und darüber hinaus. Die Menschen erkannten, dass das Loslassen keine Schwäche war, sondern eine Quelle der Stärke und des Wachstums.

Und so lebte die Geschichte von Lucas und der Freiheit des Loslassens fort, als eine Erinnerung daran, dass wir die Macht haben, uns von der Last der Vergangenheit zu befreien und unsere Herzen für die Schönheit des Lebens zu öffnen. Die Freiheit des

## Lebensfreude

Loslassens ermöglichte es Lucas, seine Musik mit einer neuen Tiefe und Leichtigkeit zu erfüllen, und sie ermöglichte es ihm, wieder frei zu sein, um seine Träume zu entfalten.

*"Im Loslassen liegt eine*
*befreiende Kraft. Wenn wir*
*bereit sind, Altes gehen zu*
*lassen, schaffen wir Raum für*
*Neues und öffnen uns für die*
*unendlichen Möglichkeiten des*
*Lebens." – Laozi*

## Die Macht der Visualisierung

In einem Dorf, umgeben von üppigen Wäldern und sanften Hügeln, lebte ein kleines Mädchen namens Lina. Sie hatte eine lebhafte Vorstellungskraft und liebte es, sich Geschichten auszudenken und in fantastische Welten einzutauchen. Doch in letzter Zeit fühlte sich Lina oft traurig und ängstlich, da sie unter Prüfungsstress in der Schule litt. Eines Tages hörte Lina von einer alten Legende über "Die Macht der Visualisierung". Es wurde erzählt, dass es im Herzen des nahegelegenen Waldes eine geheimnisvolle Höhle gab, in der magische Kräfte wirkten. Dort könne man die Kraft der Visualisierung erlernen und seine Ängste und Sorgen loslassen. Neugierig und hoffnungsvoll machte sich Lina auf den Weg zum Wald. Die Bäume ragten hoch in den Himmel, und die Vögel zwitscherten fröhlich, als ob sie sie willkommen heißen würden. Schließlich entdeckte sie den Eingang zur Höhle, der von Moos und Ranken bedeckt war. Zögernd trat Lina in die Höhle und fand sich in einem magischen Raum wieder, der mit leuchtenden Kristallen und funkelnden Edelsteinen geschmückt war. In der Mitte des Raums stand eine alte weise Eule namens

Aurora, die von den Dorfbewohnern als Hüterin der Visualisierung verehrt wurde.

"Lina, ich habe auf dich gewartet", sagte Aurora mit sanfter Stimme. "Du hast eine mächtige Vorstellungskraft, aber du lässt deine Ängste und Sorgen deine Freude überschatten. Ich werde dir die Kunst der Visualisierung zeigen, damit du deine inneren Kräfte nutzen kannst, um deine Ängste zu überwinden." Lina war erstaunt, dass die Eule ihren Namen kannte, und lauschte aufmerksam. Aurora führte sie durch eine geführte Visualisierungsübung. Sie bat Lina, sich an einen Ort in ihrer Vorstellung zu begeben, an dem sie sich glücklich und voller Zuversicht fühlte. In ihrer Vorstellung fand sich Lina auf einer grünen Wiese wieder, umgeben von bunten Blumen und flauschigen Schmetterlingen. Die Sonne strahlte warm auf ihr Gesicht, und sie spürte, wie all ihre Ängste und Sorgen langsam verschwanden. "Merke dir dieses Gefühl, Lina", flüsterte Aurora. "Wenn du dich in Zukunft ängstlich oder traurig fühlst, denke an diesen Ort der Zuversicht und Freude. Du hast die Macht, deine Emotionen zu lenken und deine Ängste zu überwinden."

Lina fühlte, wie ihre innere Stärke wuchs, als sie die Macht der Visualisierung erkannte. Sie bedankte sich bei Aurora und verließ die Höhle mit einem Gefühl der Hoffnung und Entschlossenheit. In den folgenden

Tagen übte Lina die Kunst der Visualisierung immer wieder. Wenn sie sich ängstlich vor einer Prüfung fühlte, schloss sie die Augen und stellte sich vor, wie sie erfolgreich die Fragen beantwortete und ein strahlendes Lächeln auf ihrem Gesicht hatte. Mit der Zeit bemerkte Lina, wie sich ihre Ängste allmählich auflösten. Ihre Leistung in der Schule verbesserte sich, und sie begann, ihre Fantasie wieder voll auszuleben und Geschichten zu schreiben, die die Herzen der Menschen berührten. Die Nachricht von Linas Erfolg und der Macht der Visualisierung verbreitete sich im Dorf. Viele Kinder und Erwachsene kamen zur Höhle der Visualisierung, um von Aurora zu lernen und ihre Ängste und Sorgen loszulassen.

Und so lebte die Geschichte von Lina und der Macht der Visualisierung fort, als eine Erinnerung daran, dass unsere Vorstellungskraft eine mächtige Ressource ist, die uns dabei helfen kann, unsere Ängste zu überwinden und unsere innere Stärke zu entfalten. Die Macht der Visualisierung half Lina, ihre Prüfungsängste zu überwinden und ihre Kreativität wiederzuentdecken, und sie half vielen anderen Menschen, ihre Ängste loszulassen und ihr volles Potenzial zu entfalten.

# Lebensfreude

*"Alles, was wir sind, ist das Resultat dessen, was wir gedacht haben." - Buddha*

## Die Harmonie in Beziehungen

In einem malerischen Dorf, umgeben von blühenden Gärten und idyllischen Landschaften, lebten zwei enge Freunde namens Emma und David. Sie hatten eine außergewöhnlich tiefe Freundschaft und teilten alles miteinander – ihre Träume, ihre Ängste und ihre innersten Gedanken. Doch in letzter Zeit hatte ihre Beziehung einen Riss bekommen. Kleinere Meinungsverschiedenheiten führten zu Missverständnissen und verletzten Gefühlen. Die einst harmonische Verbindung schien brüchig zu werden, und Emma und David fühlten sich ratlos und unglücklich über die wachsende Kluft zwischen ihnen. Eines Tages hörten sie von einer weisen Frau namens Clara, die für ihre Fähigkeit bekannt war, Menschen zu helfen, Harmonie in ihren Beziehungen wiederherzustellen. Verzweifelt und mit dem Wunsch, ihre Freundschaft zu retten, beschlossen Emma und David, Clara um Rat zu bitten.

Clara empfing die beiden Freunde mit einem liebevollen Lächeln. Sie erkannte die Tiefe ihrer Freundschaft und wusste, dass sie beide bereit waren, daran zu arbeiten, die Harmonie wiederherzustellen. "Die Harmonie in Beziehungen entsteht nicht durch perfektes Verhalten, sondern durch Verständnis und Empathie", begann Clara sanft. Sie lud Emma und David ein, sich gegenüberzusetzen und sich ehrlich auszudrücken. Jeder von ihnen teilte seine Gefühle und Ängste mit, ohne zu urteilen oder sich verteidigen zu müssen. Sie hörten einander aufmerksam zu und bemerkten, wie ähnlich ihre Empfindungen waren, auch wenn ihre Perspektiven unterschiedlich waren. Clara lächelte ermutigend und sagte: "Die Harmonie in Beziehungen kommt nicht von Gleichheit in Meinungen, sondern von der Bereitschaft, die Unterschiede des anderen anzuerkennen und zu respektieren."

Sie lud die Freunde ein, sich eine Zeit lang still zu setzen und über die wertvollen Erinnerungen und die tiefe Verbindung nachzudenken, die sie geteilt hatten. Während sie sich in Stille versanken, erinnerten sie sich an die glücklichen Momente, in denen sie einander beigestanden und sich gegenseitig gestärkt hatten. Clara fuhr fort: "In jeder Beziehung gibt es Höhen und Tiefen, aber die Basis ist immer die Liebe und die tiefe Verbindung, die ihr zueinander habt. Lasst euch von den kleinen Meinungsverschiedenheiten nicht entzweien, sondern erkennt, dass sie ein Teil des Lebens sind. Findet Wege, um euch wieder zu verbinden und die Harmonie zu stärken." Emma und David ließen die Weisheit von Clara in sich einsinken und erkannten, dass ihre Freundschaft kostbar und einzigartig war. Sie beschlossen, sich auf ihre Gemeinsamkeiten zu konzentrieren und sich gegenseitig in schwierigen Zeiten zu unterstützen, anstatt sich wegen ihrer Unterschiede zu entzweien.

Mit der Zeit begannen sie, die Harmonie in ihrer Beziehung wiederherzustellen. Sie nahmen sich Zeit füreinander und zeigten gegenseitiges Verständnis und Empathie. In Momenten der Uneinigkeit erinnerten sie sich daran, dass ihre Freundschaft stärker war als jede Meinungsverschiedenheit. Das Dorf bemerkte die Veränderung in Emma und David und bewunderte ihre harmonische Verbindung. Die Botschaft von Clara und der Bedeutung der Harmonie in Beziehungen verbreitete sich im Dorf und darüber hinaus. Viele Menschen begannen, ihre eigenen Beziehungen zu reflektieren und sich auf das zu konzentrieren, was sie verband, anstatt auf das, was sie trennte.

Und so lebte die Geschichte von Emma, David und der Harmonie in Beziehungen fort, als eine Erinnerung daran, dass wahre Harmonie in der Bereitschaft liegt, die Unterschiede zu respektieren und sich auf die Liebe und die Verbindung zu konzentrieren, die uns miteinander verbinden. Die Harmonie in Beziehungen half Emma und David, ihre

# Lebensfreude

Freundschaft zu retten und sich in den kleinen Gesten der Zuneigung und Unterstützung zu erneuern, und sie half vielen anderen Menschen, die Bedeutung der Harmonie in ihren eigenen Beziehungen zu erkennen.

*"Freundschaft ist eine Seele in zwei Körpern." - Aristoteles*

## Die Magie der kleinen Glücksmomente

In einem verschlafenen Dorf, umgeben von sanften Hügeln und blühenden Blumenwiesen, lebte ein junges Mädchen namens Mia. Sie war bekannt für ihre lebhafte Fantasie und ihre Fähigkeit, Freude in den einfachsten Dingen zu finden. Mia glaubte an die Magie der kleinen Glücksmomente, die das Leben so besonders machten. Eines Tages erhielt Mia eine Einladung von ihrer Großmutter, die in einem entlegenen Haus am Waldrand lebte. Mia liebte es, Zeit mit ihrer Großmutter zu verbringen, denn sie erzählte immer die schönsten Geschichten und lehrte Mia, die Schönheit in allem zu sehen.

Als Mia bei ihrer Großmutter ankam, erwartete sie ein wunderschöner Sommertag. Die Sonne schien warm auf ihr Gesicht, und der Duft von frisch gemähtem Gras füllte die Luft. Mia und ihre Großmutter saßen auf der Veranda und beobachteten die Schmetterlinge, die zwischen den Blumen tanzten.

"Mia", sagte ihre Großmutter, "das Leben ist eine Sammlung kleiner Glücksmomente, die wir oft übersehen. Wenn du auf die kleinen Dinge achtest, wirst du die wahre Magie des Lebens entdecken." Mia nickte und fragte ihre Großmutter, was sie damit meinte. Die Großmutter lächelte und zeigte auf einen Vogel, der auf einem Ast vorbeiflog. "Schau", sagte sie, "das ist ein kleiner Glücksmoment. Die Schönheit der Natur, die Freiheit des Vogels und das Zwitschern seiner Lieder sind alle Magie, die uns umgibt."

In den kommenden Tagen lehrte die Großmutter Mia, sich auf die kleinen Glücksmomente zu konzentrieren. Sie gingen gemeinsam durch den Wald und sammelten bunte Blätter und glatte Steine. Mia spürte die Freude in jedem Augenblick und erkannte, dass die wahren Schätze des Lebens oft in den unscheinbaren Dingen verborgen waren.

Eines Abends saßen Mia und ihre Großmutter am Lagerfeuer und beobachteten die funkelnden Sterne am Himmel. Mia fragte ihre Großmutter nach dem Geheimnis der Magie der kleinen Glücksmomente. "Das Geheimnis liegt in deinem Herzen, Mia", sagte die Großmutter liebevoll. "Die Magie der kleinen Glücksmomente offenbart sich, wenn du im Hier und Jetzt lebst und die Schönheit um dich herum wahrnimmst. Es sind die einfachen Dinge im Leben, die das Herz berühren und uns mit Freude erfüllen."

Mia lächelte und fühlte eine tiefe Dankbarkeit für ihre Großmutter und für die Lehren, die sie ihr gegeben hatte. Sie erkannte, dass die Magie des Lebens nicht in den großen Ereignissen lag, sondern in den kostbaren Momenten des Alltags. Als Mia in ihr Dorf zurückkehrte, brachte sie die Weisheit ihrer Großmutter mit sich. Sie begann, die kleinen

# Lebensfreude

Glücksmomente bewusst zu schätzen und sich an den einfachen Freuden des Lebens zu erfreuen. Die Nachricht von Mia und der Magie der kleinen Glücksmomente verbreitete sich im Dorf. Die Menschen begannen, die Schönheit in den unscheinbaren Dingen zu sehen und die Freude in den kleinen Momenten des Lebens zu entdecken.

Und so lebte die Geschichte von Mia und der Magie der kleinen Glücksmomente fort, als eine Erinnerung daran, dass das Leben voller kostbarer Augenblicke ist, die uns mit Freude und Dankbarkeit erfüllen können, wenn wir unser Herz öffnen und die Schönheit in allem erkennen. Die Magie der kleinen Glücksmomente half Mia und vielen anderen Menschen, das Leben mit neuen Augen zu sehen und die wahre Freude in den einfachen Dingen zu entdecken.

*"In den kleinen Dingen zeigt sich
die Großartigkeit des Lebens." -
Paulo Coelho*

## Die Magie der Gelassenheit

In einem abgelegenen Kloster, hoch oben in den Bergen, lebte ein Mönch namens Ben. Er war bekannt für seine innere Ruhe und Gelassenheit, die ihn selbst in den turbulentesten Zeiten nicht verließ. Die Menschen aus den umliegenden Dörfern kamen zu ihm, um seinen Rat und seine Weisheit zu suchen. Eines Tages kam ein gestresster und besorgter Mann namens Martin zu Ben. Martin war ständig von Ängsten und Sorgen geplagt und fühlte sich von den Herausforderungen des Lebens überwältigt. Er sehnte sich nach innerem Frieden und Gelassenheit und hoffte, dass der Mönch ihm helfen könnte.

Ben lud Martin ein, einen Spaziergang durch die friedlichen Gärten des Klosters zu machen. Während sie zwischen den blühenden Blumen und grünen Bäumen wanderten, spürte Martin eine gewisse Ruhe und Gelassenheit in der Umgebung. Er fragte Ben nach seinem Geheimnis.

Der Mönch lächelte und sagte: "Die Magie der Gelassenheit liegt in der Akzeptanz dessen, was ist, und der Bereitschaft, den Moment ohne Widerstand anzunehmen. Das Leben ist wie ein Fluss, der unaufhaltsam fließt. Wenn wir uns gegen die Strömung wehren, führt es zu Leid und Stress. Doch wenn wir uns dem Fluss hingeben und in Harmonie damit schwingen, finden wir Frieden und Gelassenheit." Martin war beeindruckt von Bens Weisheit und bat ihn, ihm beizubringen, wie er die Gelassenheit erlangen könne. Ben lud Martin ein, sich unter einen alten Baum zu setzen und tief zu atmen. Er führte ihn durch eine meditative Übung, bei der er ihn lehrte, seine Gedanken und Gefühle vorbeiziehen zu lassen, ohne an ihnen festzuhalten. "Die Gelassenheit entsteht nicht durch das Verschwinden von Herausforderungen, sondern durch unsere innere Reaktion auf sie", erklärte Ben. "Indem du lernst, dich nicht von deinen Gedanken und Emotionen mitreißen zu lassen, erschaffst du Raum für Klarheit und Frieden in dir."

In den folgenden Wochen übte Martin die Lehren von Ben. Immer wenn er sich gestresst oder ängstlich fühlte, erinnerte er sich daran, die Gelassenheit zu praktizieren. Er atmete tief ein und aus und erlaubte seinen Gedanken und Gefühlen, vorbeizuziehen, ohne sich von ihnen mitreißen zu lassen.

Mit der Zeit spürte Martin eine Veränderung in sich. Er wurde ruhiger und konnte mit den Herausforderungen des Lebens besser umgehen. Er begann, die kleinen Freuden des Lebens zu schätzen und sich bewusst Zeit für sich selbst zu nehmen, um zur Ruhe zu kommen.

Eines Tages fand Martin sich in einer schwierigen Situation wieder, die ihn normalerweise sehr gestresst hätte. Doch diesmal fühlte er sich überraschenderweise gelassen. Er erkannte, dass die wahre Magie der Gelassenheit darin lag, dass er die Kontrolle über seine Reaktionen zurückerlangt hatte. Das Dorf bemerkte die Veränderung in Martin und bewunderte seine innere Ruhe und Gelassenheit. Die Botschaft von Ben und der Magie der Gelassenheit verbreitete sich im Dorf und darüber hinaus. Viele Menschen kamen zu Ben, um von seiner Weisheit zu lernen und die innere Gelassenheit zu entdecken. Und so lebte die Geschichte von Martin und der Magie der Gelassenheit fort, als eine Erinnerung daran, dass wir die Macht haben, unsere innere Ruhe zu kultivieren und mit den Herausforderungen des Lebens in Harmonie zu schwingen.

Die Magie der Gelassenheit half Martin, seine Ängste und Sorgen zu überwinden und Frieden in seinem Herzen zu finden, und sie half vielen anderen Menschen, die inneren Werkzeuge zu entdecken, um inmitten des Sturms ruhig zu bleiben und die Schönheit des Lebens zu genießen.

# Lebensfreude

*"Gelassenheit ist die Kunst,
selbst in stürmischen Zeiten die
Ruhe im eigenen Herzen zu
bewahren. Sie lässt uns klar
sehen und klug handeln, ohne
von den Wellen des Lebens
mitgerissen zu werden." - Epik*

Lebensfreude